21 KUGELN
IM PARADIES

Impressum

21 Kugeln im Paradies
Gigi Gusenbauer

Verlag:

verlag@lifebiz20.academy

Vertrieb und Marketing:
basic erfolgsmanagement Verlag,
Pfarrkirchen
www.basic-erfolgsmanagement.de

Lektorat:
Dr. Herbert Winkler, Josef Nöhmaier

Koordination und Organsiation:
Medienbüro Susanne Wagner, Pfarrkirchen

Bildnachweis:
Cover: © Ilona Gusenbauer
Noah Gusenbauer – Digitale Nachbearbeitung

Layout/Satz:
Michaela Adler, Pfarrkirchen

Made in Germany

ISBN 978-3-949217-13-5

Dieses Buch ist meinen großartigen
Söhnen gewidmet.
Sowie allen Kindern, die in ihrem Leben
Mama oder Papa vermissen.

Prolog

In meinem Erstlingswerk „Mein Leben von vorne" beschreibe ich das Auswandern auf eine einsame Insel in Belize und die Gründe, die dazu führten. Das Buch endet mit den Worten: Du kannst Dein Leben nicht planen.

Dieses Buch ist die Story über mein Leben in Belize, das mit viel Euphorie begann und in einer Katastrophe endete. Dass man sein Leben nicht planen kann, war mir bewusst. Wie man sich immer wieder an seine Umgebung anpassen muss, um sich über Wasser zu halten, ebenso. Wie sehr aber die Prinzipien meiner Persönlichkeit verändert werden können, das konnte ich mir nicht vorstellen.

Die Corona-Pandemie der Jahre 2020 und 2021 war hierbei nicht der Hauptgrund. Ich hatte in Österreich fast zwei Jahrzehnte mit Impfstoffen gearbeitet. Pandemien waren für mich immer zu erwartende Szenarien, die alles aus dem Gleichgewicht bringen können. Wenngleich ich mir das Ausmaß nicht vorstellen konnte.

Ebenso war mir die Möglichkeit eines Hurrikans als reale Bedrohung in Belize bewusst, wenngleich das Risiko gering war. Belize liegt südlich der sogenannten „Hurricane-Alley". Daher wurde Belize in der Vergangenheit nur im Abstand von Jahrzehnten von schweren Wirbelstürmen heimgesucht.

Dann war da noch der Punkt mit der Kriminalität. Zum Zeitpunkt meines Auswanderns gab es im Gang-Milieu der ehemaligen Hauptstadt Belize City eine extrem hohe

Mordrate. Im Süden von Belize, meiner gewählten Destination, war es stets ruhig. Trotzdem war für mich als eingefleischten Pazifisten eine Bewaffnung nach dem Prinzip „Gewalt erzeugt Gegengewalt" keine Option.

Der Abend, an dem ich dann in meiner Blutlache lag, und meine einzige Gegenwehr gegen 45 Minuten Dauerbeschuss meine Matratze war, veränderte meine rosarote Sichtweise dramatisch. 21 Kugeln steckten in meinem Körper. Ich hatte mich bereits von meinen Kindern und deren Mutter via Internet auf der anderen Seite des Planeten verabschiedet. Ich wusste nicht, wie viele Minuten mir noch mit den brennenden Schmerzen und aufgrund des massiven Blutverlusts bleiben.

Ein Großteil der Zeit, in der ich dieses Buch geschrieben habe, lag eine scharfe Pistole mit drei vollen Magazinen neben mir. Dazu hing eine geladene Pumpgun im Waffenschrank hinter mir.

Dieses Buch nimmt den Leser auf meine einsame Insel mit. Auf eine Reise, wo man sich das Essen pandemiebedingt selbst fangen muss und mit Hurrikans zu kämpfen hat. Und als alles überstanden scheint, ein Kampf auf Leben und Tod beginnt. Ganz allein mitten im Meer gegen drei bewaffnete Piraten.

Ob diese Erlebnisse tatsächlich meine Persönlichkeit verändert haben, möge der Leser selbst entscheiden.

Belize - eine Perle auf unserem Planeten

Die Vorkommnisse und Gefahren, die ich in Belize erlebte, beschreiben nur meine individuelle Situation und Erfahrungen. Ich würde diesem Land unrecht tun, wenn ich nur die negativen Erlebnisse erzähle. Denn Belize ist ein wunderschönes Land. Es wäre ein unverzeihlicher Fehler, würde ich nicht auch beschreiben, wie ich diese unbekannte Perle in der Karibik gespürt, gerochen, gesehen und geliebt habe. Mit all ihren Naturwundern, aber auch ihrer Verletzlichkeit.

Nach Mexiko, Kuba oder in die Dominikanische Republik gibt es Direktflüge. Nach Belize kann man nicht direkt fliegen. In den meisten karibischen Destinationen war ich immer gut aufgehoben. Als Pauschalreisender buchte ich ausschließlich All Inclusive Hotels. Die bewaffneten Sicherheitsmänner haben mich als Touristen immer schützend vom wahren karibischen Leben ferngehalten. Auch die wenigen Touren, die ich in meiner Prä-Belize-Ära unternommen habe, waren organisiert. Ich war Tourist, nicht einmal ein Reisender. In Belize wurde ich vom Outsider zum Insider, vom Fremden zum Dazugehörenden.

Belize ist für mich eines der letzten Naturwunder dieses Planeten. Mit etwa 400.000 Einwohnern, etwa so viele wie Vorarlberg, gibt es unendlich viel unbesiedeltes Land und gleichzeitig keine Großstädte. Wolkenkratzer findet man

nirgends, die wenigen mehrstöckigen Gebäude enden meist bei drei Geschoßen. Belize ist keine Insel, wenngleich man sich stets wie auf einer solchen fühlt.
Alle Teile des Landes sind in wenigen Autostunden erreichbar, und keine Sehenswürdigkeit ist touristisch überlaufen. In Belize gibt es keine Züge, da keine Bahnstrecken existieren. Briefe und Postpakete werden dafür gerne einmal mit den kleinen Tropenfliegern von Tropic Air versandt, eine Lösung, die für mich völlig unbekannt war. Die wenigen Highways, die wie europäische Landstraßen aussehen, verbinden die Distrikte miteinander.

Und zu sehen gibt es unendlich viel, egal ob man den Bocawina-Nationalpark oder die Maya-Ruinen von Xunantunich besucht. Niemals wird man von Menschenmassen erdrückt. Man fühlt sich – egal welche Traumdestination man in Belize wählt – so gut wie immer privat.

An Naturwundern mangelt es Belize nicht. Ich habe das gesamte Land als Naturwunder empfunden. Wenn man an Dschungel und Höhlen interessiert ist, so finden sich diese im Südwesten des Landes. Man entwickelt in kürzester Zeit das Gefühl, mitten in einem Indiana-Jones-Film gelandet zu sein. Im Bocawina-Nationalpark kann man auch Touren ohne Führer unternehmen und Wasserfälle bestaunen. Wenn man auf mehr Abenteuer aus ist, zahlt es sich aus, einen erfahrenen Tourenführer zu buchen. Man wird dann in Höhlen und Dschungelgebiete entführt, wo man das Gefühl hat, man wäre der erste Mensch, der diese Gebiete betreten hat. Das andere Universum in Belize stellt das Karibische Meer mit den unzähligen Inseln, Cayes genannt, dar. Das Belize-Barrier-Reef ist das zweitgrößte Barriere-Riff der Welt.

Belize vereinigt unzählige Kulturen. Es gibt die Volksgruppe der Garifuna, die als ehemalige Sklaven aus Afrika entführt wurden und nach wie vor in ärmlichen Verhältnissen leben. Eine große Bevölkerungsgruppe stellen die Chinesen dar, denen so gut wie alle Supermärkte in Belize gehören. Der wohl überwiegende Bevölkerungsanteil der spanisch sprechenden Menschen aus Honduras und Guatemala drängen die dunkelhäutigen englisch und kreolisch sprechenden Belizianer nach und nach zurück. Dann gibt es noch Auswanderer aus den USA und Europa. Nicht zu vergessen ist die Parallelgesellschaft der weißen Mennoniten, die ihre Religion in geschlossenen Kommunen ausleben.

Die Temperaturen sind in Belize hoch und die Luftfeuchtigkeit meist drückend. Es gibt so gut wie keine überregulierenden Vorschriften. Es wird noch auf den gesunden Menschenverstand vertraut. Wenn du wo abstürzt, bist du eben selbst schuld, weil du zu blöd warst, die Gefahr zu erkennen.

Die von Menschen verursachten Umweltschäden sind leider auch in Belize sichtbar, ganz besonders im Bereich des angeschwemmten Plastikgerümpels. An manchen Tagen war die Verschmutzung an den Rändern meines Inselgrundstücks nur noch mit einer Schaufel in den Griff zu bekommen.

Natürlich trägt auch Belize zu dieser Verschmutzung bei, gab es doch 2021 noch immer kein wirkliches Recycling. Aus eigener Beobachtung kann ich aber bestätigen, dass der Großteil des Plastikmülls nahezu ausschließlich spanische Aufschriften hat. Die ärmere Bevölkerung in Honduras und Guatemala, die an den Flüssen lebt, verfügt über keine Müllabfuhr. Und wenn bei starken Regenfällen die Flüsse über die Ufer treten, werden massenweise Müllsäcke mitgerissen, die sonst verbrannt worden wären. Neben dem Plastikmüll gibt es ein immer ernster werdendes Problem, das man in Europa nicht kennt. Im Jahr 2018 verwandelten sich die Strände in eine nach Schwefel stinkende Todeszone. Auf fast monströse Weise waren die Auswirkungen der Überdüngung von Feldern in Brasilien, tausende Kilometer entfernt, in der gesamten Karibik zu sehen und zu riechen. Durch die Düngemittel kam es im letzten Jahrzehnt zu einer explosionsartigen Vermehrung einer neuen Sargassum-Art vor Brasilien. Diese besondere Seegrasart, die ein wenig wie grüne bis braune Weintrauben mit Blättern aussieht, löst sich vom Boden und schwimmt in großen Feldern durch das Meer. Das „gute" Sargassum bietet Vögeln Landeplätze zum Ausruhen und Fischen wiederum ein Versteck vor Vögeln. Aber die von Menschen verursachte Monsterversion von Sargassum, die wie ein dicker Teppich durch die Karibik schwappt, tötet alles.

Die Wasser- und Unterwasserwelt der Karibik wurde meine große Liebe. Dieses sensible Ökosystem begann ich zunehmend zu verstehen, und es begeisterte mich, wie alles miteinander verknüpft ist und interagiert. Das Meer faszinierte mich einfach immer mehr. Es war für viele Jahre mein Garten. Die Blautöne, die das Karibische Meer von Belize zu bieten hat, sind unzählbar. Dies hat mit dem sich ständig wechselnden Untergrund zu tun. Jeder Quadratmeter unter Wasser sieht anders aus. Vom weißen Sand, der durch die Ausscheidungen der Papageifische produziert wird, bis hin zu langen Unterwasser-Seegrasfeldern, die den zahmen Seekühen als Nahrung dienen.

Und dann natürlich das Barriere-Riff, das wie eine Schutzmauer den tausende Meter tiefen Ozean innerhalb weniger Meter in eine türkisblaue, ruhige und warme Idylle verwandelt. Das Gleiche gilt für die Meeresoberfläche. Während man innerhalb des Riffs Badewannenwasser

genießt, bricht wenige Meter von dort entfernt der wilde Ozean in hohen Brechern gegen die Barriere. Deswegen heißt es Barriere-Riff, etwas, das mir vorher nie bewusst war, und der Grund ist, warum es in Belize keine Tsunamis gibt. Belize ist ein Land, das ein eigenes geologisches Schutzschild hat.
Wer jemals Belize mit allen Sinnen erfasst hat, wird mit Sicherheit wie ich dieses Fleckchen Erde als eines der letzten naturbelassenen Perlen auf unserer Erde bezeichnen. Wäre da nicht der Faktor Mensch, beziehungsweise einzelne Individuen, die zumindest für mich das Paradies in die Hölle verwandelt haben.

Silk Cayes, Belize Barrier Reef

Bocawina Nationalpark

Warum Belize?

Sie heißt Lea und war der Fixstern meines Lebens. Von der ersten Sekunde an war sie mein Lebensmensch. Es gab nichts, was ich nicht für sie getan hätte. Diese Liebe wurde mir psychisch und physisch zum Verhängnis. Es war der Grund, weshalb es mich nach Belize verschlagen hat.

In meinem ersten Buch „Mein Leben von vorne" habe ich auf 341 Seiten meine Via Dolorosa beschrieben. Wer meine Talfahrt in den seelischen Minenschacht kennt, kann die folgenden Seiten überspringen. Es fällt unter das Kapitel „Was bisher geschah". Für alle anderen soll ein kurzer Durchlauf des bisher Erlebten als Einstieg dienen.

Mein Leben vor Belize war damit erfüllt, meine Prinzessin Lea zu lieben. Wir verliebten uns in der ersten Klasse Gymnasium. Damals waren wir zehn Jahre alt. Dann verloren wir uns aus den Augen und sahen uns mit 18 Jahren wieder. Wir wurden sofort ein Paar.

Einige Jahre später heirateten wir und bekamen zwei wundervolle Söhne. Leider beruht so eine einzigartige Liebe selten dauerhaft auf Gegenseitigkeit. Zumindest für mich war es so. Ich wurde – als unsere Söhne zwei und vier Jahre alt waren – buchstäblich aus meinem Leben gerissen. Ich musste entdecken, wie Lea ein zweites Leben ohne mich führte. Diese Erkenntnis war für mich nahezu tödlich. Es folgten Suizidversuche, schwere Depressionen und ein fast letal endendes Burnout. Über die Jahre missbrauchte ich in Wellen Medikamente, Drogen und Alkohol.

Ich versuchte alles, um mein Gehirn und meine Schmerzen zu betäuben.

Meine Söhne waren weiterhin mein Leben. Wann immer sie bei mir waren – und ich kämpfte all die Jahre für eine gleichteilige Betreuung – war ich topfit, und meinem fragilen Gemütszustand war kaum etwas anzumerken. Meine Kinder waren und sind einfach das Wichtigste in meinem Leben.

Elf Jahre nach der Trennung von Lea kam es zu der fundamentalen Entscheidung, Österreich zu verlassen. Ich hatte eine große Karriere in der Pharmaindustrie gemacht und mich vom Außendienstmitarbeiter zum nationalen Leiter des wissenschaftlichen Außendienstes hinaufgearbeitet. Als 2016 entschieden wurde, das Unternehmen aufzulösen, wurde mir angeboten, die Leitung des Impfstoffbereiches oder – sofern ich die geteilte Betreuung der Kinder gerichtlich abgesichert bekommen würde – auch einen Posten mit mehr Zeit für die Kinder zu übernehmen. Leider ließ sich erneut keine zufriedenstellende Einigung mit Lea in Bezug auf die Kinderbetreuung erzielen.

Damit gab es nur mehr eine Alternative. Es stand für mich „nur noch" die Leitung des gesamten Impfstoffgeschäfts in Österreich zur Auswahl. Das bedeutete, so gut wie keine Zeit mehr für meine Kinder zu haben. Und das war keine Option für mich. Das hätte ich nicht überlebt. Mein Lebensinstinkt begann nach einem Ausweg zu suchen. Wenn ich nicht mit einem Suizid enden oder sabbernd nach einer weiteren Lungenembolie und einem Burnout in einem Rollstuhl sitzen wollte, was war es dann?

Ich versuchte zu ergründen, wo ich bisher am glücklichsten war und was mich am meisten belastet hatte. Die Bleigewichte auf meiner Seele waren die Nähe zu Lea und der ständige Kampf um die Kinderbetreuung. Am glücklichsten war ich hingegen, abgesehen von der Zeit mit meinen Kindern, stets am Wasser. Insbesondere die Urlaube in der Karibik erzeugten bei mir ein Ikarus-Feeling. Mit Menschen wollte ich so gut wie nichts mehr zu tun haben.

Die Antwort auf meine Frage, wie es weitergehen könnte, lag also auf der Hand, war allerdings völlig unrealistisch: eine Insel in der Karibik, eine Angel und am besten einen Hund an meiner Seite. Hunde sind die treuesten Seelen. Seitdem ich ein Kind war, vermisste ich den Hund meiner Großeltern.

Rein zum Spaß begab ich mich online auf die Suche nach Inseln in der Karibik. Ich berechnete den möglichen Verkaufswert meiner kreditfinanzierten Eigentumswohnung. Ich kam auf ein Budget von 180.000 Euro. Es erschien völlig verrückt, die Suchmaschine überhaupt anzuwerfen.

Zu meiner Überraschung gab es aber tatsächlich Inseln, beziehungsweise Inselgrundstücke, in der Karibik, die innerhalb meines Budgets lagen. Die Auswahl grenzte sich schnell auf Belize ein, einem Land, von dem ich nicht einmal wusste, wo es lag. In der Volksschule hieß der mittelamerikanische Staat noch British Honduras. Und irgendwann hatte ich wohl einmal eine Aussteigerserie im österreichischen Fernsehen gesehen, wo es auch um Belize ging. Das war nur mehr ganz dunkel in meiner Erinnerung, sollte aber auf kuriose Weise am Ende meiner Reise noch einmal eine Rolle spielen.

Nach nur wenigen Tagen intensiver Recherche zeichnete sich der Erwerb eines perfekten Grundstücks auf einer Insel in Belize ab. Keine Nachbarn, totale Wildnis und angeblich ein unglaubliches Korallenriff direkt davor. Es folgten mehrwöchige intensive Überprüfungen. Dann die Entscheidung. Ohne es vorher gesehen zu haben, kaufte ich das Projekt. Eigentlich verrückt. Ich hatte noch nie einen Fuß in Belize gesetzt und kaufte dort eine Insel. Es war meine Alternative zum Suizid.

Der Abschied von den Kindern und die Monate vor der Übersiedlung brachen mir das Herz. Es war verrückt, was ich tat. Für die Kinder, aber auch für mich. Der letzte Tag, das letzte Mal, als meine Kinder durch die Wohnungstüre gingen, war wie ein fürchterlicher Tod für mich. Meine Hoffnung war jedoch, wieder gesund zu werden, Freude am Leben zu bekommen und vielleicht doch wieder jemand zu sein, der sein Gehirn nicht betäuben muss.

Was soll ich sagen – es funktionierte. Innerhalb weniger Wochen nach meinem Umzug nach Belize war ich von meinen Medikamenten entwöhnt, konnte wieder schlafen und kämpfte mich durch das Projekt, meine Insel bewohnbar zu machen. Schnell stellte sich heraus, wie teuer alles war. Allein mit dem Boot zur Insel zu fahren, kostete wesentlich mehr als das bisher gewohnte Benzin für ein Auto. Mein Boot benötigte bei voller Fahrt 56 Liter pro Stunde.

Der Plan, allein auf der Insel mit einer Angel und einem Hund zu leben, wich der Idee, eine Öko-Lodge zu errichten und diese zu vermieten. Die ersten drei Jahre lebte ich hauptsächlich am Festland im malerischen kleinen Ort Placencia im Süden von Belize. Das war in acht Kilometern Entfernung zu meiner Insel. „Mitten im Meer" baute ich mit Hilfe lokaler Arbeiter ein kleines Ferienparadies auf. Die Schwierigkeiten waren umfangreich, aber es funktionierte. Bereits nach den ersten Monaten der Fertigstellung der Lodge war ich jeden Tag mit Gästen ausgebucht.

Während Europäer mit über einem Tag Anreise rechnen müssen, erreichen US-Amerikaner in wenigen Stunden Belize. Sie stellen dementsprechend den Großteil der Touristen dar. Die kulturellen Unterschiede zwischen US-Amerikanern und Europäern erscheinen mir nach wie vor größer als zwischen Belizianern und US-Amerikanern. Manchmal war das eine ungewohnte Herausforderung. Nicht selten musste ich einem wohlhabenden und augenscheinlich bildungsfernen Industriestaatenmenschen erklären, dass Pommes frites von Kartoffeln stammen. Mein Gast verstand nicht, warum ich empfahl, frische Kartoffeln vom Markt zu kaufen und „French Fries" selbst zuzubereiten, statt ein in Plastikfolie verpacktes und tiefgefrorenes Produkt mit auf die Insel zu nehmen. Ich verstand wiederum nicht, wie man nicht wissen konnte, dass es sich bei Pommes frites um Kartoffeln handelt. Das hat mich schon ziemlich umgehauen.

Generell hat sich mein Umweltbewusstsein über die Jahre hinweg dank des Insellebens um ein Vielfaches geschärft. In dem Fall der Kartoffeln war es aber schwierig, nicht in schallendes Lachen auszubrechen. In Summe betreute ich aber aufgrund meines Angebotes eines Insel-Abenteuer-Urlaubes überwiegend achtsame und auf Umweltbewusstsein ausgerichtete Gäste.

Dieses einmalige Urlaubserlebnis hatte aber auch seinen Preis. Sowohl für mich als auch für meine Gäste. Ich startete mit 195 US-Dollar Miete pro Nacht für die gesamte Lodge, bei einer Maximalbelegung von vier Personen. Ich verlangte stets ein Minimum von drei Nächten als untere Schwelle der Buchung. Weniger Geld war aufgrund des aufwendigen Bootstransfers und den noch umfangreicheren Reinigungsprozeduren nicht sinnvoll.

Obwohl ich den Nächtigungspreis ständig erhöhte, war es mir nicht möglich, Gewinn zu erzielen. Die Kosten, eine Insel vom Festland aus zu betreiben, besonders wenn die

Gäste während ihres Aufenthaltes ungestört sein sollen, waren astronomisch. Hinzu kamen permanente Verbesserungen des Komforts, die ebenso Unsummen verschlangen. Mein Schuldenstand wuchs ständig weiter, gleichzeitig hatte ich eine Goldgrube geschaffen, wenn es mir gelingen sollte, die Fixkosten drastisch zu senken. Allein die Miete am Festland für mein kleines Apartment kostete mich 1.400 US-Dollar pro Monat. In Summe, mit den vielen Bootsfahrten und den hohen Strompreisen am Festland, hatte ich Fixkosten von 8.000 US-Dollar. Für das Jahr 2020 hob ich somit den Nächtigungspreis auf astronomische 595 US-Dollar an, war aber dennoch weiterhin auf Monate vollständig ausgebucht.

Um meinen Schuldenstand drastisch zu reduzieren und finanziell endlich etwas von der Vermietung zu haben, bedurfte es aber noch einer ganz wichtigen Anpassung meiner Fixkosten. In intensiven Beratungen mit meinen Freunden Charly aus Deutschland und Bonelli aus Österreich, die über die ersten drei Jahre bereits 350.000 Euro für mein Projekt zugeschossen hatten, beschloss ich, eine finale Rakete ins All zu schießen. Ich würde mir mein eigenes Haus auf der Insel bauen. Mit ausreichend Abstand zum Gästehaus, damit meine gut zahlenden Kunden weiterhin ungestört wären und nicht nur den Drink „Sex on the Beach" genießen könnten.

Somit plante ich mein eigenes Haus. Das Ziel war, sämtliche Fehler vom Bau des Gästehauses zu vermeiden. Ich arbeitete von Anfang an mit den besten Arbeitern, die ich über die Jahre kennengelernt hatte. Mein eigenes Haus kostete nur einen Bruchteil von Zeit und Geld gegenüber dem, was das Gästehaus verschlungen hatte. Alles, was ich die letzten Jahre gelernt hatte, machte sich nun bezahlt. Während der Aufbau des Gästehauses neun Monate gedauert hatte, stand mein eigenes Haus, inklusive Dach und Terrasse, in sage und schreibe 19 Tagen. Effizienter zu bauen – noch dazu auf einer Insel, wo alles ohne Maschinen gemacht werden muss – ist einfach nicht möglich.

Schon beim Planen meines Hauses merzte ich alle Fehler aus, die mir beim ersten Haus unterliefen. Kleine Fenster statt großer Schiebefenster, um die kleinen lästigen Sandfliegen abzuhalten, Zwischendecken, um den Gebrauch der solarbetriebenen Klimaanlage in der Nacht effizienter zu gestalten, bis hin zur Planung möglichst kurzer Rohrverbindungen, um die Effizienz der Wasserpumpe zu steigern und einen höheren Wasserdruck zu erhalten. Details, die man ohne Inselerfahrung nicht wissen kann. Mein eigenes Haus wurde perfekt.

Ich hatte den Januar 2020 für die Bauarbeiten freigehalten, und wir waren vor der Zeit fertig. Von nun an sollte ich meine 8.000 Fixkosten auf 500 US-Dollar senken, während ich dank der bestehenden Buchungen 15.000 US-Dollar Einnahmen pro Monat gesichert hatte.

Jetzt konnte ich mit meinem Border-Collie-Mädchen Mali und einer Angel am Dock sitzen und dem Sonnenuntergang entgegenträumen. Das Märchen aus meinen Träumen war Wirklichkeit geworden

Dass meine Idylle in Belize mir durch einen brutalen Überfall beinahe das Leben gekostet hätte, ahnte ich damals noch nicht.

Das Gästehaus im Vordergrund, das neue Haus im Hintergrund. Dock am linken Bildrand.

Belize im Griff der Pandemie

Fast zwei Jahrzehnte war ich im Pharmabereich mit dem Impfstoffwesen beschäftigt. Dadurch waren mir die Gefahren einer weltweiten Pandemie und deren Auswirkungen bekannt. Von 1999 bis 2016 nahm ich regelmäßig an Sitzungen der Sanitätsdirektionen in Österreich teil. Ich bekam mit, wie und was Ärzte, Apotheker und Politiker über bestehende Pläne im Pandemiefall diskutieren. Es wurde zum Beispiel besprochen, wie große Lebensmittel-Kühlhäuser im Notfall zu Leichenhallen umfunktioniert werden und welche Lebensmittel für die Bevölkerung vorrätig sein sollten. An die Sicherstellung von Toilettenpapier wurde damals nicht gedacht. Panikreaktionen und das Plündern von Kaufhausregalen wurde schon besprochen.

Wie man im Jahr 2020 gesehen hat, kann man menschliches Verhalten in Ausnahmesituationen nur theoretisch steuern. Vorrangig ging es bei diesen Sitzungen um die Gefahr einer Influenza-Pandemie, bei der sich herkömmliche Influenza-Viren so verändern, dass sich ihre hohe Ansteckungsgefahr mit der Letalität von Tierstämmen kombiniert.

Aber auch schon damals wurde von den Medizinern und Virologen immer wieder darauf hingewiesen, dass andere Viren zur Gefahr werden könnten. Dabei wurden Corona-Viren an oberster Stelle genannt. Die Mutationsgefahr durch SARS- und MERS-Ausbrüche war bereits bestätigt. Aufgrund meines Insiderwissens könnte ich mich als Infektionsexperten bezeichnen. Dennoch war ich nicht im Entferntesten auf das vorbereitet, was folgen sollte.

Als ich noch am Festland von Belize die ersten Meldungen aus China las, nahm ich an, die Welt würde dies ebenso schnell in den Griff bekommen, wie das bei SARS im Jahr 2000 und bei MERS im Jahr 2012 der Fall gewesen war. Das Ausmaß und die Dauer der neuen anrollenden Pandemie war nur für wenige vorstellbar. Auch für mich nicht.

Die Organisation meiner Gäste war vor dem Ausrufen der Covid-19-Pandemie durch die WHO im Februar 2020 noch nicht verändert. Mein eigenes Haus auf der Insel war zwar im Prinzip fertig, aber die Solar- und Wassertechnik konnte ich mir noch nicht leisten. Der Plan war, dies im April 2020 umzusetzen, nachdem ich wieder ausreichend Liquidität durch die Mieteinnahmen sichergestellt haben sollte.

Insofern plante ich, die ersten Wochen auf der Insel etwas spartanisch und noch ohne Küche durchzustehen. Es wäre nicht das erste Mal gewesen. Denn drei Jahre zuvor – als mein Gästehaus gebaut wurde – lebte ich für einige Wochen auf einem erhöhten Fußboden und nur einer Plane über dem Kopf. Dagegen sollte mir mein neues Haus trotz fehlender Küche wie ein Luxushotel vorkommen. Dementsprechend entspannt hatte ich bereits rechtzeitig meinen Mietvertrag auf dem Festland gekündigt.

So einfach von heute auf morgen auszuziehen und die Miete nicht mehr zu zahlen, geht natürlich auch in Belize nicht. Es wäre gegenüber meiner langjährigen Vermieterin unfair gewesen. Illegal sowieso. Ich hatte Linda, eine äußerst nette Dame aus den USA, die im Stockwerk über mir lebte, im November 2019 auf mein Ausziehen vorbereitet. Durch den Umzug auf die Insel würden nicht unbedeutende Organisationsprobleme entstehen. Allein der Berg der vielen Strand-Badetücher, der Badezimmer- und Handtücher und der Bettwäsche hatte Himalayahöhe. Diesen konnte ich in meinem Apartment jederzeit völlig stressfrei in die Waschmaschine werfen und anschließend im Wäschetrockner den duftenden und fluffigen Feinschliff geben.

Ein Wäschetrockner auf der Insel war trotz intensiver Beratungen mit meinem deutschen Technik-Guru Daniel, der auf Solartechnik spezialisiert war, nicht möglich. Er würde nicht nur die Menge der via Solarpanelen gesammelten Sonnenenergie, sondern auch die Kapazität des starken und teuren Inverters, der den Batterie-Gleichstrom in Wechselstrom umwandelt, sprengen. Dementsprechend plante ich den Bau einer Wäschekammer mit Waschmaschine unter meinem neuen Haus – allerdings ohne Wäschetrockner.

Man fragt sich natürlich, warum jemand einen Wäschetrockner verwenden will, wenn er unter der gleißenden Tropensonne lebt. Zum einen ist es mit der hohen Luftfeuchtigkeit gar nicht so einfach, Wäsche wirklich trocken zu bekommen. Zum anderen nehmen feuchte Textilien einen unangenehmen, fast sauren Geruch an. Dazu gibt es je nach Jahreszeit mehrmals täglich heftige kurze Tropenschauer, und man wäre chancenlos, unter Zeitdruck Hotelwäsche trocken zu bekommen. Und dann gibt es noch den biologischen Faktor: Die Insel, die mit Mangroven überwachsen ist, beherbergt den Großteil der Sandfliegenpopulation des Planeten. Irgendwo zwischen sieben und hundert Quadrillionen Exemplaren. Biologen mögen mich gerne korrigieren, aber erst, nachdem sie einige Tage bei Windstille im Freien verharrt haben. Und diese nahezu unsichtbaren, stechenden Biester – damit meine ich die Sandfliegen und nicht die geschätzten Biologen – will man keinesfalls in die Bettwäsche der Urlaubsgäste schmuggeln. Dennoch war ein elektrisch betriebener Wäschetrockner auf der Insel technisch nicht umsetzbar. Ein gasbetriebener Trockner kam für mich aufgrund des ökologischen Aspekts meiner Lodge nicht infrage.

Eine Waschmaschine war in der Planung jedoch fixer Bestandteil. Zunächst müsste aber mein professionelles Reinigungsteam die Wäsche auf das Festland mitnehmen, wo sie gegen Bezahlung gereinigt würde, bis ich mir die Wäschekammer leisten könnte. Meine eigenen Textilien würde ich für ein paar Wochen in einem Eimer waschen. Das sollte mir die paar Male nicht das Genick brechen. Die Betonung lag auf ein paar Male.

Das alles sollte jedoch nebensächlich sein. Denn mein erster Plan, als ich noch in meinem Büro in Europa saß, sah weder Solarpanele noch Wasserpumpen vor. In meinem Kopf gab es nur eine Strohhütte, einen Holzsteg und meinen damals noch nicht existierenden Hund.

Während auch alles andere meine wildesten Träume überstiegen hatte, war mein süßes Border-Collie-Mädchen Mali der Lotto-Jackpot. Mali hatte in direkter Nachbarschaft in Placencia ihr Zuhause. Sie bellte den ganzen Tag und nutzte jede Chance auszubrechen. Sobald sie mich mit ihren eineinhalb Jahren entdeckte, wich sie mir nicht mehr von der Seite. Relativ schnell hatten dann die Besitzer und ich beschlossen, dass es besser für Mali wäre, von mir adoptiert zu werden. In Wahrheit hatte Mali mich adoptiert.

Es war wundervoll zu sehen, wie selig sie bei mir war. Kein Bellen und kein Ausreißen mehr. Ganz im Gegenteil: Sie wollte immer und überall mit mir zusammen sein. Border-Collies sind Hütehunde und benötigen eine Aufgabe. Aus Mangel an einer privaten Schafherde hatte Mali innerhalb weniger Tage gelernt, mit mir Volleyball zu spielen und Frisbees in der Luft zu fangen. Nach unseren gemeinsamen Jahren in Placencia und dem stundenlangen Spielen und Laufen am Sandstrand sollte sie nun mit mir auf die Insel übersiedeln. Was mir natürlich Kopfzerbrechen bereitete, ob sie dort noch genügend Auslauf bekommen würde.

Aber auch diesbezüglich war ich entspannt, wusste ich inzwischen, dass für Mali nur eines zählte: das Zusammensein mit mir. Wie eingangs erwähnt, in meinem Kopf war immer dieses Bild, wo ich an einem Dock mit meiner Angel sitze und neben mir mein Hund, der mir nicht von der Seite weicht. Die Realität hatte diesen Traum bald in den Schatten gestellt.

Während ich von einem geordneten Umzug auf die Insel am 1. April 2020 ausging, wurde die Corona-Virus-Lage im Februar global gesehen immer angespannter. In Belize und auch in den USA wurde noch keine echte Bedrohung wahrgenommen. Vor allem in den USA wurde von einem „China-Virus" gesprochen. Da war mein Neuro-Transmitter-Level bereits spürbar in Alarmzustand versetzt. Was, wenn das doch nicht unter Kontrolle gebracht werden kann? Werden eventuell sogar Flüge gestrichen? Oder könnte es sein, dass Urlauber Belize nicht mehr verlassen können? Zu diesem Zeitpunkt waren gestrichene Flüge noch völlig unvorstellbar, aber ich begann mich damit zumindest theoretisch auseinanderzusetzen.

Dann ging es Schlag auf Schlag. Ich hatte eine reizende Gästegruppe aus meinem Heimatland Österreich auf der Insel zu Gast, vier junge Leute aus dem Bundesland Kärnten. Während der wenigen Tage ihres Aufenthalts machte ich mir immer größere Sorgen, dass sie in Belize stranden könnten. Ich war dann heilfroh, als sie Mitte Februar 2020 noch gut zurück nach Österreich kamen. Dann wurde es von Gästegruppe zu Gästegruppe immer mehr ein Abwiegen, ob diese noch anreisen sollten. Mitte März zog ich die Notbremse.

Trotz all der Gedanken um das benötigte Geld für das neue Haus konnte ich nicht mehr anders, als meinen Gästen von der Anreise abzuraten. Es wurde einfach zu unsicher, ob eine Rückreise noch gewährleistet wäre. Bald wurde dann in der Tat unser internationaler Flughafen gesperrt, alle Einreisen verboten und für Ausreisende nur noch Rückholflüge durchgeführt.

Belize war von der Außenwelt und ich von meiner alten Heimat abgeschnitten. Alle Luft-, Land- und Seegrenzen wurden dichtgemacht. Obwohl in Belize noch kein Covid-19-Fall aufgetreten war, sah sich das Land nicht in der Lage, bei einem Einschleppen des Virus die Bevölkerung mit ihren wenigen Krankenhausbetten medizinisch zu versorgen. In Belize gab es zu diesem Zeitpunkt nur sechs Intensivbetten und ein Einschleppen des Virus hätte das Gesundheitssystem völlig überlastet.

Ich hatte mir schon lange keinen Flug mehr nach Europa leisten können, da ich jeden Cent in mein Projekt steckte. Nun aber, 10.000 Kilometer von meiner Familie entfernt, war ich sozusagen gefangen. Selbst wenn ich gewollt hätte, ich hätte Belize nicht verlassen können.

Meinem Umzug auf die Insel stand nach dem völligen Ausfall des Tourismus nichts mehr im Weg. Selbst wenn mein neues Haus noch keine Küche und keine Strom- und Wasserversorgung hatte, das Gästehaus würde vermutlich für ein paar Monate leer stehen. Also packte ich meine Sachen auf den Truck und auf mein Boot, verabschiedete mich unter Tränen von meiner lieb gewonnenen Vermieterin Linda und ließ das Festland hinter mir.

Mit meinem Hund an Bord startete ich nun in ein neues Leben. Jenes Leben, das sich fünf Jahre zuvor in meinem klimatisierten Büro via Suchmaschine am Firmen-Computer schemenhaft entwickelt hatte und das in meinem Kopf noch immer romantische Bilder malte.

Mali und ich auf unserem Boot

Mit Technik gegen die Einsamkeit

Hier war ich nun. Vom Traum her genau da, wo ich sein wollte. Allein auf meiner Insel, nur mit meinem Hund und nahrungstechnisch versorgt durch Fischfang.

Auch wenn es nicht absehbar war, wann ich wieder Gäste begrüßen würde, wollte ich unbedingt in mein neues Haus umziehen. Der gesamte Platz um das Gästehaus herum war zwar viel schöner als mein Haus inmitten des Mangrovendschungels, aber Mali sollte sich nicht zu sehr an das Gästehaus gewöhnen. Sobald meine Vermietung wieder Touristen beherbergen würde, sollte mein Hundemädchen das neue Haus als unser Zuhause sehen und nicht das Gästehaus. Bisher bevorzugte Mali auf der Insel die Wassertanks des Gästehauses als ihr Versteck. Das musste ich nun ändern, wollte ich meinen Honeymoonern nicht ihre Zweisamkeit auf tierische Weise ruinieren.

Außerdem – auch wenn das Gästehaus natürlich ebenso mein Haus war – wollte ich seit dem Verlassen von Österreich endlich wieder das Gefühl haben, ein richtiges Zuhause zu haben. Die Bilder von meinen Kindern aufhängen, Löcher bohren, wo ich will, und meine wenigen Habseligkeiten unterbringen, ohne sie für die nächsten Gäste wegräumen zu müssen. Auch nicht unwichtig war, auf einem Bett zu schlafen, in dem nicht bereits hunderte Menschen ihrem Liebesglück nachgegangen waren.

Eine der Herausforderungen war nach wie vor die Stromversorgung. Denn ohne Strom gab es auch kein

Wasser. Mein Wassertank für das neue Haus war direkt nach Fertigstellung des Daches an die Dachrinne angeschlossen worden und somit bereits voll mit Regenwasser. Aber um das Wasser aus dem Tank in den Wasserkreislauf des Hauses zu bekommen, benötigt man eine elektrische Wasserpumpe. Ich hatte bereits den großen starken Inverter gekauft, aber dieses Herzstück jeder Solaranlage ist völlig nutzlos ohne Solarpanele, Akkus und Computer zur Ladekontrolle.

Nun auf der Insel angekommen, war ein Leben ohne Küche plötzlich doch nicht mehr besonders reizvoll. Ich wollte nicht mehr wie drei Jahre zuvor am offenen Feuer und im Freien kochen, sondern nutzte die perfekte Küche im Gästehaus. Somit hatte ich wieder den Lebensmittelpunkt im Gästehaus, anstatt in meinem eigenen Haus. Um eine eigenständige Solaranlage zu errichten und eine Küche zu installieren, dafür reichten meine finanziellen Mittel einfach nicht aus. Daher begann ich zu kalkulieren und fand sehr schnell eine Lösung.

Die Solaranlage des Gästehauses produzierte deutlich mehr Strom als notwendig. Sie war auf vier Personen und zwei Klimaanlagen ausgelegt. Anstatt also die Solartechnik für das neue Haus zu kaufen, konzentrierte ich mich auf die Küche, das Bad und die Wasserversorgung. Ich erwarb mit meinem verbliebenen Geld einen Kühlschrank und einen Gasherd. Ich wählte nur Geräte, die sich im Gästehaus bewährt hatten.

Die Lösung des Problems der Hauptversorgung lag in zwei Kabeln: einem Stromkabel, das mein neues Haus mit der Solaranlage des Gästehauses verband, und einem Internetkabel, um in meinem privaten Haus meinen WLAN-Router anschließen zu können.

Im Jahr 2018 hatte ich das Gästehaus massiv aufgerüstet. Über eine Satellitenschüssel, die auf eine andere Schüssel auf dem Festland ausgerichtet war, hatte ich eine High-Speed-Internet-Verbindung auf die Insel gezaubert. Es gab in Belize keine vernünftige WLAN-Verstärkertechnik. So entschied ich mich, ein hochwertiges LAN-Kabel zu verwenden, um das extrem teure Insel-Internet auch im neuen Haus nutzen zu können. Denn eines war klar: Ganz allein hier draußen würde es bei aller Romantik ohne Internet sehr schnell langweilig werden.

Ich liebte es, abends auf Netflix alte „Friends"-Folgen anzusehen oder quer durch die Star-Trek-Universen mit Warp Speed zu reisen. Ebenso fesselten mich neuere Serien, wie „Lucifer" oder „The Good Place". Die beiden letztgenannten Serien ließen mich über meine Lebensweise nachdenken. Ob ich bisher ein guter Mensch war und wie es mir wohl nach dem Tod ergehen würde, wenn es ein „danach" gäbe. Würde ich in den „good place" oder den „bad place" kommen? Würde Lucifer mich für die Ewigkeit in meiner eigenen Hölle gefangen halten? Und wenn ja, was wären denn meine Fehler, die ich mir selbst nicht verzeihen könnte und immer wieder von Neuem durchleben müsste? Wäre meine Hölle, mich immer und immer wieder ein letztes Mal von meinen Kindern zu verabschieden, bevor ich nach Belize ausgewandert war?

Aus meiner Sicht gibt es zwar keine weitere Existenz oder ein Bewusstsein nach dem Tod, dennoch waren es interessante Gedankenspiele für einen auf einer Insel einsam lebenden Menschen, der die Welt willentlich hinter sich gelassen hat. Ich hatte mich auch schon auf dem Festland so gut es ging zurückgezogen, ging abends nie fort und selbst tagsüber in kein Restaurant. Ich mied Menschen wie der Teufel das Weihwasser. Tagsüber war ich mit Mali am Strand und abends gemütlich vor dem Fernseher. Das war mein Leben auf dem Festland.

Auf der Insel sollte es nicht viel anders sein. Die TV-Serien beamten mich psychologisch aus meiner gewollten Einsamkeit und gaben mir das Gefühl von Familie und Freundeskreis. Ich weiß, das klingt absurd. Aber ganz allein mitten im Meer, da kann es am Abend schon ganz schön spooky werden. Und selbst tagsüber hörte ich über das Internet zunehmend den österreichischen Sender Hitradio Ö3, um mich weniger fern der Heimat zu fühlen. Die Musik und der Flimmerkasten waren meine Seelenstreichler und mit ihnen waren die manchmal etwas gruseligen Abende leichter zu bewältigen. Wie nahe mir jene verlorenen Seelen noch kommen sollten, für die Lucifer ein entsprechendes Programm im Seniorenheim der Sünder hat, das konnte ich zu diesem Zeitpunkt nicht wissen.

Um die umfangreiche mediale Ablenkung genießen zu können, benötigte ich aber die besagte Stromverbindung und das Internet. Also begann ich zu buddeln. Ich verlegte die beiden Kabeln in einen hundert Meter langen Graben unter die Erde. Erde ist zu viel gesagt. Lark Caye, die große Inselkette, auf der sich mein Grundstück befand, ist eine Koralleninsel mit Jahrtausende altem Korallenbruch. Das Graben bei 35 Grad im Schatten dauerte eine Woche, und ich hatte von Hitzschlag über Muskelkater bis hin zu medikationsbedürftigen Rückenschmerzen alle vorstellbaren und nicht vorstellbaren Zustände. Das war für meine 46 Jahre zu erwarten, gleichzeitig war es aber auch eine Wohltat, mich wieder richtig körperlich zu betätigen.

Am Festland gab es für mich außer den Aktivitäten mit Mali und der Koordination meiner Gäste nichts zu tun, aber auf meiner Insel wartete nun unendlich viel körperliche Arbeit auf mich. Und von vielem, was mich noch überraschen sollte, hatte ich zu diesem Zeitpunkt keine

Ahnung. Was die elektrischen Leitungen betraf, hatte ich beim Bau des Gästehauses mein Lehrgeld bezahlt. Normalerweise geht man davon aus, dass beim Einsatz zertifizierter Elektriker eigentlich alles korrekt ablaufen sollte. Aber zu meinem Erstaunen durfte ich beim Bau des ersten Hauses den – sagen wir mal ganz anderen – Arbeitsstil der lokalen Elektriker kennenlernen. Die Belizianer waren verdammt schnell, aber es gab im Nachhinein ständig irgendwo Kurzschlüsse, und manchmal kassierte man auch einen Stromschlag. Dementsprechend zog ich ein Jahr später Chris zur Hilfe, einem Ein- beziehungsweise Auswanderer und Elektriker aus England. Er verkabelte mir beim Gästehaus alles neu.

Belizianer schließen die Erdleitung und die passive Leitung des 110-Volt-Wechselstromkreises einfach zusammen. Eine Verkabelungstechnik, die mitunter lebensgefährlich ist. Was im schlimmsten Fall den aus alten TV-Serien bekannten „Tod mit Haarföhn in der Badewanne" zur Folge hat. Auch wenn es in meinem Haus keine Badewanne, sondern nur eine Dusche gab.

Daher hatte ich bei meinem neuen Haus von Anfang an Chris die Planung und Umsetzung der Elektroleitungen übertragen. Er musste aufgrund meiner Vorarbeiten nur ein einziges Mal auf die Insel kommen, um mein verbuddeltes Kabel an den Sicherungskasten des neuen Hauses anzuschließen.

Nun war dieses Kabel zwar an mein Haus angeschlossen, aber ohne eigenem Solarsystem im neuen Haus mussten wir uns einer Notlösung bedienen. Ich ging nur von wenigen Wochen ohne eigener Solaranlage aus, bis ich nach dem Ende der Pandemie wieder ein Einkommen haben sollte. Und so wurde das andere Ende des Hauptversorgungs-Stromkabels, nun doch etwas belizianisch und auf meinen Wunsch, dreißig Zentimeter über dem sandigen Boden mit einem ganz normalen Stecker in eine Steckdose des Gästehauses gesteckt. Nicht etwa im Inneren der Lodge, sondern in meinem „Technikraum". Dieser lag mehr oder weniger im Freien. Der Boden wurde regelmäßig überflutet und war nur durch Wände aus Pressholz-Platten geschützt. Klingt wild, die Technik darin hatte aber in drei Jahren keine Anzeichen von Rost gezeigt, was man von Geräten im Freien nicht behaupten konnte. Der Stecker wurde in die Steckdose gesteckt und zack: Mein gesamtes neues Haus wurde zum Leben erweckt. Alle LED-Lampen funktionierten einwandfrei, die Klimaanlage brummte los und der Wasserdruck war dank der bereits von mir vorverkabelten Wasserpumpe hergestellt. Super.

Alle Stromabnehmer zusammen würden nicht mehr als 20 Ampere benötigen. Die Steckdose, an der das Kabel angeschlossen wurde, war ebenfalls mit 20 Ampere abgesichert. Falls das 40-Ampere-Kabel abbrennen würde, sollte nichts passieren und die Sicherung im Gästehaus fallen. Es müsste schon ein Hurrikan kommen und meinen Technikraum unter Wasser setzen, um ein Problem zu bekommen, aber in meinen vier Jahren hatte ich noch keinen einzigen erlebt. Und es war ja nur eine kurzfristige Notlösung.

Hunger war Teil meines Lebens

In meiner Prioritätenliste zum Überleben standen die technischen Herausforderungen nur an zweiter Stelle. Das Wichtigste war die Nahrungssuche. Sie stand an oberster Stelle. In den letzten Jahren hatte ich nur ganz selten meine Harpune zum sogenannten Speerfischen ausprobiert.

Eigentlich war ich immer gegen die Verwendung von Harpunen, weil sie mich viel zu sehr an ein Gewehr erinnern. Als vehementer Waffengegner leistete ich aus Überzeugung meinen Wehrdienst als Zivildiener im Asylbereich statt beim Militär ab. Es war für mich undenkbar, einem anderen Menschen das Leben zu nehmen und eine Schusswaffe abzufeuern. Allerdings hatte ich bei einem Besuch meiner Kinder in Belize eine Harpune gekauft, da mein jüngerer Sohn Kimi ganz wild darauf war, in echtem Inselstil durch Speerfischen sein Essen zu fangen.

Da im Frühsommer 2020 ein Besuch meiner Söhne angestanden wäre, der von der Pandemie verhindert wurde, hatte ich bereits zwei weitere Harpunen besorgt. Das Prinzip einer Harpune ist relativ einfach und gleicht dem einer Steinschleuder. Auf einem Aluminiumrohr oder aus Holz gefertigtem Schaft befindet sich eine Art Führung für einen Metallspeer. Der Speer ist an der Spitze mit einem ausklappbaren Metallstück ausgestattet. Trifft man einen Fisch, bleibt der Speer durch diesen Widerhaken im Fisch stecken. Und damit man den Fisch samt wertvollem Speer nicht verliert, ist am Ende des Speers eine ungefähr zwei Meter lange Leine befestigt. Dies ist somit auch die maximale Schussdistanz, in der sich ein Fisch befinden darf, um ihn zu erreichen. Die Schussenergie kommt von speziellen Gummiseilen. Es benötigt viel Kraft, um sie zu spannen. Das Wissen um den Gebrauch einer Harpune machte sich später bezahlt, als ich mich gegen gnadenlose Mordgesellen verteidigen musste.

In meinen ersten Wochen auf der Insel war ich hoch motiviert, sämtlichen Proteinbedarf ausschließlich durch Speerfischen zu decken. Der Fisch war im Gegensatz zu anderen Nahrungsmitteln, die trotz Kühl- und Gefrierschrank nicht ewig haltbar waren, frisch und zu jeder Zeit verfügbar. Brot lernte ich selbst zu backen. Hatte ich mich die drei Jahre zuvor über das Fehlen von jeglichen Brotsorten – abgesehen von Toastbrot – in Belize beklagt, backte ich mir nun mein eigenes Ciabatta, eine herrliche Beilage zum frischen Fisch. Für meinen Hund war das intensive tägliche Speerfischen etwas Neues, denn Mali war es vom Festland nicht gewöhnt, dass ich für mehrere Stunden im Wasser war. Schnell entwickelte sich jedoch eine Routine, und Mali folgte mir stets parallel zur Küste in einem Bereich, in dem sie im Meer gerade noch Grund fand. Sie mutierte sozusagen zum Seehund. Nach erfolgreicher Jagd bekam sie immer leckeres frisches Sushi aus dem Meer. Mein Hundemädchen konnte ihren Hüte-Instinkt in gewisser Weise ausleben, da sie immer wieder Fische, gefleckte Adlerrochen oder andere größere Fische im Wasser sehen und vor sich hertreiben konnte.

Bereits nach wenigen Tagen dieser neuen Routine begann Mali ganz aufgeregt zu springen und mit dem Schwanz zu wedeln, wenn sie das Geklapper der Metallteile meiner Harpune im Badezimmer hörte und ich mich für das Speerfischen fertigmachte. Es war schön zu sehen, dass diese Notwendigkeit gleichzeitig eine Beschäftigung war, die meinem Hund die Neurotransmitter-Spiegel zurechtbog.

Nun war ich jedoch nicht als Speerfischer geboren und hatte meine Anfangsschwierigkeiten. Nicht zu jedem Gezeitenstand und jeder Witterung war die Jagd erfolgreich. Es dauerte einige Wochen, bis ich verstand, wann die beste Zeit zum Schnorcheln und zum Speerfischen war. Ebenso lernte ich mein Korallenriff von einer völlig neuen Seite kennen. Bisher hatte ich eine ungefähre Ahnung, wo sich einige der größeren Korallenfelsformationen befanden. Aber grundsätzlich sah für mich alles gleich aus, da der gesamte Meeresgrund vor meinen beiden Häusern mit allen nur erdenklichen karibischen Korallenarten überzogen war. Ein atemberaubender Anblick.

Nach und nach entstand in meinem Gehirn jedoch eine Unterwasserlandkarte von über einem Quadratkilometer Meeresgrund. Nicht nur, dass ich die unterschiedlichen Korallenformationen, Höhlen und Canyons blind finden konnte, ich wusste nun auch, wo sich welche Fischarten befanden. Nach einiger Zeit war es gar nicht mehr notwendig, mich über Wasser zu orientieren. Anhand des Untergrundes wusste ich immer ganz genau, wo ich war. Und erst da begann ich zu verstehen, wie unglaublich sensibel und faszinierend ausgeklügelt dieses Ökosystem ist.

Unter den Mangrovenwurzeln an der Landgrenze befanden sich die kleinen Fische und viele Schulen junger Fische. Im Schutz des Blätterdaches und der engmaschigen Wurzeln konnten die Jungtiere behütet aufwachsen. Die vielen Pelikane und auch Fischadler hatten keine Chance, die kleinen Fische zu erbeuten, und auch die Barrakudas, Tarpons und Permits wagten sich nicht in dieses dichte

Unterwassergeäst vor.

Erst wenn die kleinen Fische größer wurden, kamen sie vorsichtig aus dem Schutz der Mangrovenwurzeln heraus. Während meines Jahres auf der Insel konnte ich so zwei Exemplare von Barrakudas, die sich als kleine Jungtiere immer an den gleichen Stellen aufhielten, zu stattlichen Jugendlichen heranwachsen sehen. Sie waren nach der gleichen Beute aus wie ich. Und wenn man seine „Nachbarn“ so aufwachsen sieht, stehen sie für einen lebenslang unter Schutz, und man würde nie auf die Idee kommen, sie zu verzehren.

Sobald eines der vielen Fischerboote näherkam und die aus mehreren Männern bestehenden Speerfischer-Truppen ebenfalls in meinem Vorhof jagten, ging ich nicht nur einmal danach ins Wasser, um nachzusehen, ob meine schwimmenden Freunde noch da waren. Ich weiß noch genau, als sie Jack erlegten. Jack war ein von mir verschonter Lobster, der nur noch eine Antenne hatte. Es war ein großes Exemplar und tat mir aufgrund seiner Verstümmelung leid. Obwohl er eine leichtere Beute als andere seiner Artgenossen gewesen wäre, ließ ich ihn in Ruhe und sah regelmäßig nach, ob er noch da war. Eines Tages hatte ich beim Vorbeischwimmen der lokalen Speerfischer bereits ein schlechtes Bauchgefühl. Ich konnte sehen, dass sie sich genau bei jener großen Korallenformation aufhielten, wo auch Jack sein Versteck hatte. Als die Speerfischer abzogen, sprang ich sofort ins Wasser und schwamm zu Jacks Höhle. Zuerst hoffte ich noch, dass er sich einfach nur versteckt hatte, aber auch in den folgenden Wochen konnte ich ihn nicht mehr finden. Er fand sein Ende wohl auf einer belizianischen Herdplatte.

Das Zusammenleben mit den Meeresbewohnern und das Erkennen, um welch intelligente und fühlende Tiere es sich handelte, machte es mir zunehmend schwerer, meinen Hunger durch Töten dieser magischen Lebewesen zu stillen. Nach einiger Zeit konnte ich nicht einmal mehr einen Fisch erlegen, der ganz offensichtlich mit seinem Freund oder seinem Partner herumschwamm. Was völlig unglaubwürdig klingt, war für mich aber ganz offensichtlich: Fische haben wirklich Freunde, mit denen sie immer zusammenbleiben. Am ehesten konnte ich das bei den sogenannten Grunts, zu Deutsch Grunzer, beobachten. Was mir zunächst noch wie Zufall erschien, war für mich nach mehreren Wochen Gewissheit.

Auch wenn Fische einer Spezies auf den ersten Blick identisch aussehen, kann man oft ein besonderes Merkmal entdecken. Zum Beispiel eine verletzte Schwanzflosse oder andere Kampfspuren. Und dies war nicht nur im offenen Ozean der Fall, sondern auch in der ruhigen Lagune neben meinem Bootsdock. Dort gab es ein mittelgroßes Exemplar eines blaugestreiften Grunzers, der stets mit einem deutlich kleineren französischen Grunzer umherschwamm. Über die Monate wuchsen beide zu beachtlicher Größe heran, und es wurde fast zur Routine, jedem meiner wenigen Besucher zu verbieten, diese beiden Fische herauszuangeln. Sie fühlten sich neben dem Dock im Schatten meines großen Bootes offensichtlich sehr wohl und hatten ein behütetes Aufwachsen. Zum Unterschied des Fischens mit einem Köder weiß man beim Speerfischen mit der Harpune immer, auf wen man es abzielt. Dazu kam, dass ich mit der klassischen Fischfangart des Angelns mit Haken und Köder stets erbärmlich erfolglos war.

In Bezug auf meine Emotionalität mit den Fischen gab es zum Glück auch ausreichend andere Spezies, die weniger an mein Mitleid appellierten und den Jäger in mir zum

Leben erweckten. Einen Barrakuda zu finden, es zu schaffen, dass er nicht davonschwimmt und diesen blitzschnellen Räuber dann auch noch zu treffen, war so ziemlich die Königsklasse des Speerfischens. Mit der Zeit verfeinerte ich meine Technik. Während ich mich zu Beginn meines Insellebens noch regelmäßig ärgerte, wieso ich nicht nahe genug an die Barrakudas herankomme, entwickelte ich nach und nach Tricks. Leicht platschende Geräusche an der Wasseroberfläche oder sogar ein starkes Durchsprudeln mit der Hand, um möglichst viele Luftblasen zu erzeugen, schien manche Barrakudas magisch anzuziehen. Nicht die ganz großen ausgefuchsten Exemplare, aber mittelgroße von etwa siebzig Zentimeter Länge.

Um diese Exemplare zu schießen, musste ich es schaffen, mich von hinten schnorchelnd anzupirschen. Was nur gelang, wenn so ein großer Räuber hoch konzentriert vor einer größeren Korallenformation auf eine von ihm auserkorene Mahlzeit in einer Höhle ausharrte. Während der Barrakuda darauf wartete, blitzschnell zuzuschlagen und mit seinen rasiermesserscharfen Zähnen seine Beute mit einem Biss ins Jenseits zu befördern, hatte ich just in diesen Momenten die Chance, auf zwei Meter an ihn heranzukommen. Wie beschrieben benötigte ich diese Distanz, um meine Beute mit dem Speer zu erreichen.

Natürlich versuchte ich, Fische stets so zu treffen, dass sie der Pfeil auf der Stelle tötete, was bei einem Barrakuda nicht nur mit Nächstenliebe, sondern mit Selbstschutz zu tun hatte. Die Zähne eines Barrakudas können komplette Muskelstränge aus den Gliedmaßen reißen oder schneller, als man reagieren kann, eine Hauptschlagader zerfetzen. Auch wenn es dementsprechende Gerüchte und Erzählungen gab, ich hatte kein einziges Mal erlebt, dass ein Barrakuda mich angegriffen hat. Am gefährlichsten war der Weg mit einem geschossenen, aber noch nicht toten Barrakuda zurück an mein Deck auf der Insel zu kommen. Der Raubfisch am Speer kämpft um sein Leben und zerfleischt alles, was in die Nähe seines Gebisses kommt. Die Kraft so eines Raubfisches lässt sich nur schwer beschreiben. Mit meinen 100 Kilogramm an Körpergewicht und 183 Zentimeter Körperlänge sollte man meinen, einem maximal zehn Kilogramm schweren Fisch mit einem halben Meter Länge weit überlegen zu sein. Aber ich war nun eben kein Fisch und er in seinem Element.

Meine anderen bevorzugten Fische waren ebenfalls Einzelgänger. Zum Beispiel die großen Amber Jacks oder manchmal auch die Bar Jacks. Üblicherweise standen jedoch Snapper auf der Insel-Speisekarte, kleine Raubfische, die nur etwa fünfzehn Zentimeter lang und völlig ungefährlich waren. Je nach Jahreszeit schoss ich auch sogenannte Schafsköpfe, die aufgrund ihrer schafsähnlichen Zähne so benannt sind. Diese runderen Fische besitzen viel Fleisch und sind eine Delikatesse. Ganz selten hatte ich die Chance, einen Hogfish zu schießen, welcher so ziemlich das bestschmeckende Fleisch des Ozeans zu bieten hat.

Was sich nach einem freien Buffet je nach Belieben anhörte, war in Realität harte Arbeit. Hunger war Teil meines Lebens. Und den hatte ich besonders in den ersten Wochen mehr, als mir lieb war. Ich ging zur falschen Zeit schnorcheln, traf nicht, mir rissen die Seile der Harpune und nach und nach auch die gespannten Gummis. Ebenso machte mir das Wetter immer wieder einen Strich durch die Rechnung. Besonders die starken Aprilstürme mit ihren hohen Wellen machten das Speerfischen nahezu unmöglich. Man konnte sich an den scharfkantigen Korallenformationen schwer verletzen. Außerdem war die Sicht bei hohem Wellengang nahezu null, und ich sah einen Fisch erst, wenn er schon wieder auf der Flucht vor mir war.

Es gab auch einen Riff-Hai. Um welche Art es sich genau handelte, habe ich nie herausgefunden. Von anderen Fischern wurde er einfach als Riff-Hai bezeichnet. Dieser Geselle hatte selbstverständlich mehr Berechtigung, nach Fischen zu jagen, als ich. Und er war besonders zu Beginn furchteinflößend. Als dann Irvin, einer meiner Bekannten, von ihm angegriffen wurde, hatte ich wohl für mehrere Tage plötzlich keinen Hunger mehr.

Irvin lebte in Placencia und kam regelmäßig in die Nähe meines Platzes auf der Insel. Wie für die lokalen Speerfischer üblich, ging er nach dem Schießen eines Fisches nicht sofort aus dem Wasser, sondern fädelte diese auf einer Angelschnur, die am Körper befestigt war, auf. Dass ein Hai diese blutenden Fische als frei verfügbares Sushi-Buffet erster Klasse ansieht, versteht sich von selbst. Irvin wurde daher zur Zielscheibe des Hais und angegriffen. Zum Glück wurde er nicht verletzt und verjagte den Hai mit einem beherzten Schuss aus seiner Harpune. Der Speer einer Harpune dringt dabei nicht durch die dicke Haut des Hais, verschreckt den übermächtigen Gegner jedoch für eine Weile. Wobei der Angriff sogar den abgebrühten Irvin etwas aus der Ruhe brachte. Ich habe ihn danach für viele Wochen nicht mehr gesehen.

Aus diesem Grund war meine Methode des Speerfischens von Beginn an mit möglichst wenig Risiko verbunden. Ich brachte entweder jeden erlegten Fisch umgehend aus dem Wasser – was mit einigem Schwimmaufwand verbunden war – oder zog hinter mir eine schwimmende Kühlbox her. Die meiste Zeit reichte aber die „Schieße einen Fisch und komme wieder heraus"-Methode, denn es war ja nur der Hunger von Mali und mir zu stillen. Dazu reichte ein Fisch meist aus. Dies hielt mich fit und ließ mich bereits nach wenigen Wochen wie einen echten Inselbewohner aussehen. Meine von der tropischen Sonne geröstete Haut wurde zunehmend „karibisch" gefärbt und meine braunen Haare erblondeten.

Auch wenn ich stets Geldsorgen im Kopf und öfter, als mir lieb war, Hunger hatte, kam mein Leben den ursprünglichen romantischen Vorstellungen vom Inselleben sehr nahe. Dem Paradies auf Erden konnte ich in Belize nie wieder so nahekommen wie in den unzähligen Stunden des Speerfischens. Die Lichtreflexionen unter Wasser waren je nach Sonnenstand pure Magie. Die Fächerkorallen in ihren Rot-, Blau- und Violett-Tönen strahlten und funkelten, wie es die beste Lichtshow nicht erreichen kann. Kombiniert mit der Ruhe unter Wasser stellte sich bei mir stets ein tranceartiger Zustand ein, und das meist ruhige und badewannenwarme Meer ließ mich im wahrsten Sinne des Wortes schweben.

In dieser Unterwasserwelt verschwanden stets der Hunger und ebenso die Sorgen, wie es weitergehen wird. In jeder Körperfaser war nichts anderes als Frieden und Ruhe zu spüren. Und ganz ehrlich gesagt, auch eine gewisse Portion Stolz. Ohne den Verbrauch von fossilen Brennstoffen für ein Boot, ohne Schießpulver, ohne jegliche Technik waren da nur mein Speer und ich. Keine langen Fischereiseile mit tausenden von Haken, die den Ozean leer fischten, keine Fallen, keine Käfige. Meine maritime „Steinschleuder" allein war in der Lage, meinem Hund und mir den Bauch zu füllen. Und das Leben auf der Insel konnte dank dem ausschließlichen Gebrauch von Solarenergie und der Regenwasseraufbereitung nicht nachhaltiger sein.

Es ist wohl jener Lebensstil, der der Erde am wenigsten schadet und der nur ganz wenigen Menschen aufgrund der vielen Hürden vorbehalten ist. Und dieses Leben durfte ich genießen, während den Menschen die pandemiebedingte Decke auf den Kopf fiel.

Isoliert betrachtet war ich im Paradies. Ohne Zweifel. Wären da nicht noch böse Überraschungen gekommen.

Mein erster Barrakuda

Von der Pandemie in die Pleite

Ich hatte mir also tatsächlich auf meiner Insel in Belize das Paradies geschaffen. So wie ich es mir erträumt hatte. Es war einer der romantischsten und sichersten Plätze auf unserem Globus. Es war aber nicht der Garten Eden. Man konnte dort eine Pandemie aussitzen, aber es blieben so schnöde weltliche Notwendigkeiten wie das Bezahlen mit Geld.

Belize ist, obwohl – oder gerade weil – es sich um ein Entwicklungsland handelt, um vieles teurer als die meisten europäischen Länder oder auch das benachbarte Mexiko. Mein Insel-Internet, das wie beschrieben mit einer Satellitenschüssel funktionierte, kostete mich satte 220 Euro pro Monat. Es gab günstigere Lösungen, aber diese hatten sich für gut zahlende Gäste als unbrauchbar herausgestellt.

In der ersten Zeit meiner Vermietung versuchte ich die Internetverbindung über einen kleinen mobilen Receiver herzustellen, doch die Verbindung riss ständig ab. In Summe war der Datenverbrauch meiner Gäste so teuer, dass die Lösung mit der Satellitenschüssel die günstigere Alternative war. Und nachdem ich nicht genau wusste, wann ich wieder Gäste haben würde, wollte ich nicht riskieren, erneut Monate auf eine Neuinstallation der Satellitenschüssel zu warten. Denn bei einer Abmeldung wäre sie sofort abgebaut und bei einem anderen Kunden wieder aufgebaut worden.

Ich biss in den paradiesischen Apfel und richtete meine gesamte Technik auf diese konstant schnelle Internet-Verbindung aus. Meine Solaranlage war inzwischen netzbasiert und ebenso meine beiden Sicherheitskameras, die ich einerseits zur Abschreckung verwendete und mir anderseits einen Blick auf jene Bereiche ermöglichten, in denen ich mich nicht aufhielt. Meine Technik hatte inzwischen einen Wert von rund 50.000 US-Dollar und, wenn diese jemand stehlen sollte, wollte ich den Dieb zumindest auf Video haben. Wobei diese Vorstellung völlig absurd schien. Ich war auf meiner Insel so abgelegen und isoliert, dass ich die meiste Zeit nackt herumlief. Außer den Einsiedlerkrebsen gab es keine weiteren Mitbewohner. Den nächsten Nachbarn konnte man nur mit dem Boot oder per Kajak erreichen.

Das zurückhaltende Tragen von Kleidung hatte auch noch einen anderen Grund. Besser gesagt, zwei Gründe. Kleidung, die man trägt, wird abgenützt und geht somit früher kaputt. Selbst am Festland trug ich seit Jahren keine Schuhe mehr, und damit meine ich, wirklich keine Schuhe. Sogar meine Gäste holte ich barfuß von unserem kleinen Flughafen ab, was für die meisten ein richtiger Kick war. Sie wussten gleich, sie starten nun in einen ausgefallenen Urlaub. Heißer Asphalt, Kieselsteine, selbst größere Glasscherben, machten meinen ehemaligen Pharma-Manager-Füßen nichts mehr aus. Meine Fußsohlen waren dick und nahezu unverwundbar geworden.

Ausschlaggebend dafür war, dass ich in meinem ersten Jahr so gut wie jede Woche neue Flip-Flops kaufen musste. Diese für die Tropen praktische Besohlung hielt entsprechend der minderwertigen Ware einfach nichts aus. So beschloss ich, nach dem ersten Jahr dem belizianischen Spruch zu folgen: no shoes, no shirt, no problem.

Der erste Grund war also klar. Wenn man nichts anhat, geht auch nichts kaputt. Der zweite Grund bestand aus einer Mischung aus Faulheit, Sparen von Regenwasser und Waschmittel und meiner langsam in die Jahre gekommenen Wirbelsäule. Ich hatte wie zuvor beschrieben keine Waschmaschine. Was sich in der ersten Woche meiner Insel-Quarantäne noch als belustigend und abenteuerlich angefühlt hatte, wurde spätestens nach einem Monat zu einer mehr als ungeliebten Tätigkeit. Das Waschen meiner Wäsche in einem Eimer.

Ich probierte viel, um meine Wäsche wirklich sauber zu bekommen, aber ich fand nie eine wirklich zufriedenstellende Technik. Kneten, rubbeln, wringen, durch die Luft schleudern, mit einem PVC-Rohr massakrieren ... ich versuchte alles. Erst da wurde mir klar, welch Wunderding eine Waschmaschine ist. Und es war nicht nur die Sauberkeit ein Faktor, es war auch der Geruch. Nach einiger Zeit roch einfach alles nur noch muffig, egal wie viel Duft- und Waschmittel ich dem Regenwasser beimischte.

Insofern versuchte ich das Tragen von Kleidung auf ein Minimum zu reduzieren, um bei meinen Besuchen auf dem Festland halbwegs saubere und nicht übel stinkende Wäsche tragen zu können. Es gab jedoch manchmal einen entscheidenden Grund, doch Kleidung zu tragen. Es waren diese unsichtbaren kleinen Quälgeister, namens Sandfliegen. Davon gab es unterschiedliche Spezies, die jeweils auf andere Körperregionen spezialisiert schienen. An manchen Tagen konnte man in der Früh nicht einmal atmen, so voll war die Luft mit diesen Biestern. Dann wiederum waren die Knöchel Ziel einer anderen Spezialeinheit. Es war der einzige biologische Faktor, an den ich mich nie gewöhnen konnte.

Meine Gäste waren zum Glück nicht so extrem von diesen fliegenden und hüpfenden Terroristen bedroht, lag die Öko-Lodge doch relativ frei der steten Meeresbrise zugewandt. Mein eigenes Haus hingegen lag in den Mangroven versteckt. Je nach Wind- und Wetterlage wurde mein Zuhause am Abend zur Hangover-Zone des Sandfliegen-Raves erkoren. Es war zwar nicht mehr so, dass ich wie in meinem ersten Jahr in Belize entzündete Stellen mit maximalem Juckreiz am ganzen Körper bekam. Man kann sich aber vorstellen, wie unangenehm es ist, wenn jede unbedeckte Körperstelle innerhalb von Sekunden von hunderten kleinen Insekten gestochen wird. Dagegen wird man einfach nie immun. In manchen Stunden des Tages war es daher unmöglich, ohne Kleidung zurechtzukommen.

Sparen war das Gebot der Stunde, des Monats und, wie sich später herausstellen sollte, des gesamten Jahres. Für meine Psyche war diese Situation mehr als herausfordernd. Ich saß auf einer Goldgrube. Ich wusste, dass ich mein Gästehaus dank der Optimierungen um 600 US-Dollar pro Nacht vermieten konnte, hatte meine Fixkosten auf wenige hundert US-Dollar reduziert und war dennoch aufgrund der Pandemie in einer aussichtslosen finanziellen Situation.

Das Internet war die eine Geschichte. Es gab aber noch andere Verpflichtungen. Auch wenn ich nur einmal pro Monat auf das Festland fuhr, um Gemüse, Reis, Nudeln und Mehl zu kaufen, so benötigten diese Fahrten Benzin für das Boot. Bei gemächlicher Fahrt verbrauchte der Motor satte 40 Liter pro Stunde. Und wenn ich schon am Festland war, dann verwendete ich auch meinen Truck, um von der Freilandfarm frisches und günstiges Fleisch für Mali zu kaufen. Mali war bei all diesen Fahrten natürlich immer dabei. Nie hätte ich sie allein auf der Insel gelassen. Sie genoss die Bootsfahrten über das Karibische Meer genauso wie meine Urlauber. Stets in das Wasser blickend und den Wasserspritzern glückselig hinterherhechelnd.

Die Geschichte mit dem Sushi aus dem Meer ist zwar nicht gelogen, aber Malis Hauptnahrung bestand hauptsächlich aus einem artgerechten unwiderstehlichen Fleisch-Blut-Knochen-Organe-Mix, den der Fleischer der Freilandfarm extra für Hunde sammelte. Behandelt wurde dieser Hundeleckerbissen wie jedes Fleisch, das es in Belize zu kaufen gab. Es wurde aufgrund der hohen Tropentemperaturen immer sofort eingefroren. Die Menge an Fleisch reichte meist für zwei Monate, denn zusammen mit etwas Reis und hundegerechtem Gemüse kam ich mit den paar Packungen, die ich ja ebenfalls dank Solarenergie auf der Insel im Tiefkühlfach aufbewahren konnte, eine gefühlte Ewigkeit aus.

Nicht selten war ich neidisch. Mali hatte immer eine perfekte Mahlzeit parat, während ich mir mein Futter im Meer selbst fangen musste. Bei aller Sparsamkeit kam dennoch ständig etwas dazwischen. Ein Problem mit dem Auto hier, ein Problem mit dem Boot da. Vor allem das Boot machte mir zu schaffen. Jedes kleine Problem war mit Unmengen von Kosten verbunden, um einen meiner Mechaniker entweder auf die Insel zu bestellen oder zu ihm hinzufahren. Auch das war für mich ein Grund, das Boot so gut wie nie zu bewegen. Natürlich wäre es cool gewesen, zu benachbarten Inseln ohne Touristen zu fahren und das Meer für mich allein zu haben. Aber das war finanziell nicht drin. Zudem gab es immer wieder Gebühren zu zahlen: Kapitänslizenz, Grundsteuern, Bootslizenz, Umweltbehörde, Autoversicherung. Gefühlsmäßig waren jeden Monat Beträge von bis zu 3.000 Euro zu zahlen. Und das, obwohl ich so kostengünstig wie nur möglich lebte.

Meinen Freunden konnte ich daher auch nicht mehr die versprochenen Zinsen für das ausgeborgte Geld bezahlen. Ohne ihr Entgegenkommen und ihre monatliche Aufstockung meines Schuldenstandes hätte ich keine Chance gehabt. Und als ob das nicht schon schlimm genug gewesen wäre, die Landerosion hatte im Mai 2020 plötzlich eine schlagartige mittelschwere Katastrophe ausgelöst.

Jedes Jahr im April und Mai steigt der Meeresspiegel, ebenso von Oktober bis Dezember. Bisher hatte ich es vermieden, meine Insel mit schwerem Gerät aufzufüllen. Es kostete mich im Jahr 2017 mehrere Monate, mit meinem kleinen Boot und der Hilfe meines Freundes Breeze, das Land vor dem Gästehaus so weit mit Sand aufzuschütten, dass man, ohne nasse Füße zu bekommen, darauf spazieren konnte.

Mitten in der Pandemie, ohne Einkommen, spülte es mir die Insel weg. Ohne Sturmflut, einfach nur durch den höheren Gezeitenstand. Mein gesamter Technikraum stand unter Wasser. Die wenigen gepflanzten Palmen am Meeresrand wurden alle unterspült, und sämtliche Pflanzen zeigten ein völlig surreales Bild. Es sah aus, wie wenn jemand mit einer Computeranimation ein Horrorszenario simulieren würde. Nachdem das Land an die dreißig Zentimeter an Höhe verloren hatte, war nur noch das starke Wurzelgeflecht und die Pflanze darüber zu sehen. Wie wenn die gesamte Pflanze schweben würde. Überlebt hatte das keine meiner Pflanzen und, was noch viel schlimmer war, mein Haus stand nun auch zur Hälfte im Meer. Innerhalb weniger Tage wären die Holzpfosten angegriffen worden. Das Salzwasser hätte selbst die dicksten Bolzen und Schrauben in Kürze korrodiert. Eine Woche später wäre mein Gästehaus und auch ich zusammengebrochen.

Verzweifelt wendete ich mich an meinen Freund Charly,

der bereits Unsummen in mein Projekt gesteckt hatte und noch immer mit mir an den Erfolg glaubte. Ohne Pandemie hätten wir diesen Erfolg bereits gefeiert. Nun aber standen wir und ebenso Bonelli, mein anderer Freund und Investor, vor dem totalen Absturz. Es dauerte nur ein einziges Telefonat und dann war klar: Mein Projekt, mein Traum, mein Paradies hatte sein Ende gefunden.

Wir, oder besser gesagt Charly, griffen noch einmal tief in die Tasche. Innerhalb eines Tages mussten wir die Insel aufschütten lassen, um das Gästehaus zu retten. Mein Freund Breeze, der inzwischen der Kapitän einer Barke des größten Bauunternehmens in Placencia war, rückte bereits am Folgetag mit schwerem Gerät an. Bagger fuhren über meine Insel, wo es bisher nicht einmal ein Fahrrad gab. Es wurden Nägel mit Köpfen gemacht. Trotz meiner Verzweiflung war für mich wichtig, der Umwelt nicht zu schaden. Wir hielten uns an alle Genehmigungen. Nachdem ich intensives Wissen über mein Ökosystem gesammelt hatte, konnte ich die Vorgaben des Umweltministeriums noch deutlich umweltschonender umsetzen. Es wurde nicht eine Mangrove geknickt. Innerhalb von nur zwei Tagen hatte ich plötzlich eine karibische Trauminsel vor meiner Nase, ohne auch nur einen einzigen Quadratmeter ökologisch verändert zu haben.

Alles was geschah, baute das verlorene Land neu auf und wurde mit wunderschönem natürlichem Meeressand aus Placencia überdeckt. Dem gleichen Sand, den auch meine geschützten Papageifische vor Ort produzierten. Als Draufgabe hatte ich dann aber noch etwas im Köcher, wovon ich drei Jahre zuvor keine Ahnung hatte: Mangroven!

Diesmal sollten nicht Steine oder Felsen die Wassergrenze sein, sondern kleine Sprösslinge von Mangroven, die es auf meiner Insel überall gab. Ich mischte abwechselnd Sprösslinge von roten Mangroven mit weißen und schwarzen, um die Diversität der unterschiedlichen Wurzelformen entlang der neuen Begrenzung zu gewährleisten. Diese neuen Wurzeln sollten in wenigen Monaten dann besser als jede Mauer sein und gleichzeitig den kleinen Fischen noch mehr Schutz bieten. Das Gästehaus war durch die Aufschüttung gerettet und der Wert des Grundstücks massiv gestiegen. Es war ein mit großen Opfern errungener Erfolg und blieb trotzdem nur ein Pyrrhussieg.

Mein neuer Schuldenstand war einstweilen über der Baumgrenze. Ich konnte ihn mit Mieteinnahmen nicht decken. Die Pandemie hatte mich ausgeknockt und meinen Traum zerstört. Ich musste alles verkaufen. Und zwar umgehend.

Drei Hurrikans in drei Monaten

Jetzt war ich zufrieden. Nach dem Landauffüllen der Insel sah mein Platz zum ersten Mal wie die klassische Karibikinsel eines Millionärs aus. Sie hätte in einer Hochglanzzeitschrift Bella Figura gemacht. Die grobe Arbeit mit den schweren Maschinen war fertig. Das war aber nicht alles. Es folgten wochenlange Detailarbeiten mit einem Plastik- und einem Metallrechen.

Erneut wurde es für mich anstrengend. Beinahe jedes Sandkörnchen musste ich unter der tropischen Sonne täglich von Sonnenaufgang bis Sonnenuntergang neu platzieren. Das Ergebnis am Ende war eine Bilderbuchinsel. Was noch mehr als meine Muskeln und mein Rücken schmerzten, waren die Gedanken, wie jemand anderer dies alles in Zukunft genießen würde. Und damit hatte ich nicht meine gut zahlenden Gäste im Kopf, sondern den Käufer meines Grundstücks. Jemand, der keine Ahnung davon haben würde, wie viel manuelle Arbeit in so einer Insel steckt. Aber es gab keine andere realistische finanzielle Lösung, als die Insel zu verkaufen.

Wenige Tage, nachdem ich Sandkörnchen für Sandkörnchen neu platziert und an die zwanzig Baby-Kokosnuss-Palmen gepflanzt hatte, kam Frik, mein Immobilienmakler, um die Insel zu schätzen. Frik war mein ehemaliger Nachbar auf dem Festland und kannte die Insel daher nur im Erscheinungsbild der letzten Jahre. Was er nun sah, zog ihm wortwörtlich die Sandalen aus. Neben den Arbeiten an der Landauffüllung hatte ich das Gästehaus neu gestrichen. Ebenso die Holzwege zwischen dem Dock und den beiden Häusern, und ich hatte eine Verlängerung vom bestehenden „Ocean-Deck“ gebaut. Mit vielen optischen Leckerbissen war noch mehr karibischer Flair in das Anwesen gezaubert worden.

Frik verbrachte zwei Stunden bei mir und nannte dann den mit Spannung erwarteten Schätzpreis. Meinen beiden Freunden Charly und Bonelli schuldete ich inzwischen bereits über eine halbe Million Euro, was zu diesem Zeitpunkt knapp über 600.000 US-Dollar waren. Ich selbst hatte für den Kauf meines Grundstücks 162.500 US-Dollar ausgegeben, wobei sich über die Jahre auch zusätzliche kleinere Schulden aufgebaut hatten. Mein Bankkonto war seit Ausbruch der Pandemie ständig am Anschlag des Überziehungsrahmens. Die Kreditkarte sowieso. Meine große Hoffnung war daher, einen Schätzpreis über 800.000 US-Dollar genannt zu bekommen. Was Frik dann aussprach, zog auch mir die Sandalen aus: 1,5 Millionen US-Dollar Listenpreis.

Wahnsinn! Ich hatte es geschafft. Mein Traum, der mir so viel an Nerven und Arbeit gekostet hatte, war eine Lawine an Dollars wert.

Als ich Charly und Bonelli von der Schätzung berichtete, waren verständlicherweise beide ganz verzückt. Nach einigen Diskussionen beschlossen wir, die Vermietung dennoch weiterhin anzubieten, da dies ein besseres Bild für einen potenziellen Käufer ergeben würde und mein Einkommen sicherte, bis tatsächlich jemand zuschlägt. An eine Vermietung war zu diesem Zeitpunkt allerdings nicht zu denken, hatte die Pandemie die Welt doch weiterhin fest im Würgegriff. Reisen waren so gut wie unmöglich und alle Grenzen von Belize nach wie vor geschlossen.

Während ich darauf hoffte, möglichst bald einen Käufer zu finden, kam die Saison der atlantischen Wirbelstürme immer näher. Ich machte mir nie besondere Sorgen wegen Hurrikans, da Belize südlich des Haupteinzugsgebietes liegt. Vom Tag meines Auswanderns an hatte ich über drei Jahre lang keinen einzigen tropischen Wirbelsturm erlebt. In Europa machte ich mir sowieso nie Gedanken darüber. Ich konnte nicht einmal zwischen einem Tornado und einem Hurrikan unterscheiden. Ich wusste nur, dass beide verheerende Stürme sein konnten.

Aber wenn man in den Tropen lebt, dann wird man ohne weiteres Zutun zu einem Hobby-Meteorologen. Man beobachtet sämtliche Wetterkarten sehr genau. Einsam auf einer Insel lebend, erst recht.

Tornados treten hauptsächlich in den USA auf, wobei dieses katastrophale Wetterphänomen meiner Meinung nach in den nächsten Jahren auch zunehmend in Europa stattfinden wird. Bei einem Tornado handelt sich um Wind- oder Wasserhosen mit nahezu senkrechter Drehachse. Sie bilden sich ohne jegliche Vorwarnung innerhalb von wenigen Minuten. Ein Tornado ist auf einige hundert Meter Breite und einige Kilometer Länge beschränkt und löst sich ebenso schnell wieder auf. Die Überlebenschancen in einem Tornado nehmen mit zunehmender Stärke dramatisch ab, wenn man sich nicht in einem Bunker aufhält. Alles, was Meteorologen machen können, ist eine generelle Tornado-Warnung für eine bestimmte Region auszugeben, wenn in den Wetterdaten typische Warnzeichen zu erkennen sind. Eine exakte geografische und zeitliche Vorhersage ist im Gegensatz zu Hurrikans jedoch nicht möglich. Die Gefahr, die von einem Tornado ausgeht, beruht auf seinen hohen Windgeschwindigkeiten und den aufgesaugten Trümmern, die wie Projektile den Menschen treffen können.

Von Hurrikans gehen ganz andere Gefahren aus. Sie entstehen meist vor der Küste Afrikas als große Tiefdruckgebiete. Sie können sich in den warmen Tropen auch später in der Saison bilden. Der klassische Hurrikan bildet sich jedoch vor der Küste Afrikas und zieht oft über Wochen quer durch den Atlantik Richtung Mittelamerika, Karibik und USA. Sobald diese Tiefdruckgebiete dann die warmen tropischen Gewässer erreichen, gewinnen sie enorm an Energie. Zuerst handelt es sich um ein normales, wenngleich riesengroßes, oft über hunderte Kilometer erstreckendes Tiefdruckgebiet. Mit Zunahme der inneren Windgeschwindigkeiten und der Luftfeuchtigkeit wird es dann als tropische Welle, tropische Depression und schlussendlich als Tropensturm bezeichnet. Sobald es in Zirkulation gerät, wird das Wetterphänomen als Tropensturm bezeichnet.

Während das Unwettersystem stillstehen kann oder sich kaum vorwärts bewegt, legen die Windgeschwindigkeiten innerhalb des Systems dramatisch zu. Ab 119 km/h innerer Windgeschwindigkeit wird ein Atlantik-Wirbelsturm als Hurrikan der Stufe 1 bezeichnet. Ab 251 km/h ist es ein Sturm der höchsten Kategorie 5.

Zusätzlich zu dieser Unterteilung lässt sich dann noch festhalten, dass die Gefährlichkeit eines Hurrikans ebenso zunimmt, je langsamer er sich beim sogenannten „Landfall" bewegt. All die aufgesammelte Energie der langen Reise entlädt sich dann nicht nur in wenigen Minuten über der Küste und im Landesinneren, sondern im schlimmsten Fall über Tage über derselben Region. Das ist neben der viel größeren räumlichen Ausdehnung auch der Unterschied zu Tornados. Eine der Hauptgefahren und auch die Ursache für die meisten Todesfälle sind nicht Verletzungen durch umherfliegende Teile. Es ist der Tod durch Ertrinken.

Die Regenmengen, die ein Hurrikan mit sich bringt, sind unvorstellbar. Sie sind noch dazu gepaart mit Sturmfluten vom Meer und Sturzfluten von Flüssen. Kurz vor dem Auftreffen auf Land drücken Hurrikans enorme Wassermassen vor sich her, die den Meeresspiegel um mehrere Meter anheben. Teilweise werden am Meer innerhalb dieses Ungeheuers zehn bis zwanzig Meter hohe Wellen gemessen. Einige Messungen zeigen sogar bis zu dreißig Meter hohe Wellen. Diese Kombination aus Sturmflut und apokalyptischen Regenfällen setzt den Küstenbereich meterhoch unter Wasser. Zudem steigen die Pegel der Flüsse durch den Wasserdruck des Meeres und die starken Regenfälle massiv an und überfluten oft noch hundert Kilometer landeinwärts gelegene Städte. Vor den starken Sturmböen und umherfliegenden Teilen können sich die Menschen meist in Schutz bringen. Wenn das Wasser aber von allen Seiten kommt, meterhoch ansteigt, und man aufgrund des Sturms selbst am Dach eines Hauses nicht sicher ist, dann führt das zu zahlreichen Todesfällen.

Deswegen ist es so wichtig, eine Hurrikan-Warnung ernst zu nehmen und nicht zu glauben, man könne das aussitzen. Das sind auch die berühmten letzten Worte der meisten Hurrikan-Opfer: „Das ist nicht mein erster Hurrikan, und bisher ist es immer gut gegangen."

Im Gegensatz zu den wenigen Minuten Vorwarnung bei Tornados – die in der Karibik nicht vorkommen – hat man bei Hurrikans Wochen oder zumindest Tage an Vorbereitungszeit. Auch wenn es meist erst am Tag des Eintreffens ganz sicher ist, wo exakt der Sturm auf Land treffen wird, weiß man, ob man in der Gefahrenzone liegt. Man kann sich und sein Hab und Gut daher zeitgerecht ins Landesinnere in Sicherheit bringen.

Wie schon gesagt, hatte ich in meinem aus Beton gebauten Apartment am Festland nicht einen einzigen Hurrikan erlebt. Es gab immer wieder einmal Tropenstürme, die bedrohlich nahekamen, aber mein Auswanderungsmotto „Belize, weil es da kaum Hurrikans gibt" stimmte. Ich blieb all die Jahre verschont. Bis zu dem Zeitpunkt, als ich während einer Pandemie ohne Geld in meiner Insel-Holzhütte lebte und gerade erst das Land neu gefüllt hatte.

Denn natürlich wäre es für das Universum langweilig geworden, meine Geschichte mit einem simplen Grundstücksverkauf gut ausgehen zu lassen. Nein, das Universum wartete auf den richtigen Moment und legte sich dann so richtig ins Zeug. Was folgte, war ein wahrer Dauerbeschuss von tropischen Wirbelstürmen und Sturmfluten. Es wurde eine dem Klimawandel entsprechende historische atlantische Wirbelsturm-Saison, wo den Meteorologen sogar das Alphabet zur Benennung der Stürme ausging. Sie mussten auf das griechische Alphabet zurückgreifen.

Hurrikan „Nana" hatte ich seit der Entstehung des entsprechenden Tiefdruckgebietes vor Afrika als Bedrohung wahrgenommen. Von Anfang an bewegte sich das System südlicher als die Systeme der Vorjahre. Wenige Tage bevor „Nana" eintraf, war ich mir bereits ziemlich sicher, dass dieser Tropensturm Belize treffen wird. Und obwohl ich immer die schlauen Sprüche für Betroffene in den USA parat hatte, warum sie nicht rechtzeitig mit den Vorbereitungen begonnen hatten, fiel ich auf dieselbe gedankliche Falle herein: „Wird schon gut gehen."

Doch auf einmal ging mir die Zeit aus. Geld, um Bretter zu kaufen, hatte ich so und so nicht, aber ich besaß noch Holzreste vom Bau des neuen Hauses. Normalerweise konzentrieren sich die Menschen darauf, Fenster abzusichern und mit Sperrholzplatten zu vernageln. Mir hingegen wären Glasbruch und Wasserschäden egal gewesen. Ich vertraute dafür den Holzpfählen meines neuen Hauses nicht so ganz. Während das Gästehaus auf fünfundzwanzig Pfählen gebaut war, hatte mein neues Haus nur neun. Und es war wesentlich höher als das Gästehaus, was durch die Scherkräfte des Sturms eine deutlich größere Gefahr des Kollabierens darstellte. Ich konzentrierte mich also darauf, diese Holzpfähle mit weiteren 45-Grad-Stützen zu verstreben und die Tragekräfte zu verteilen. Denn selbst bei normalen Sturmböen war mein neues Haus spürbar labil, und ich konnte Schwankungen wahrnehmen.

Nachdem ich einen Tag an den großen starken Querverstrebungen gearbeitet hatte, war von den Schwankungen absolut nichts mehr zu spüren. In diesen Momenten musste ich an die Sprüche der Erwachsenen denken, als ich noch zur Schule ging: „Du lernst für das Leben." Wie ich diesen Spruch gehasst hatte. Aber die Insel hatte mir gezeigt, wie ich wirklich alles gebrauchen konnte, was ich jemals gelernt hatte. Von Englisch, Physik und Mathematik über Chemie bis Biologie war einfach alles dabei. Natürlich musste ich das meiste auffrischen, aber ich konnte nach den Antworten ja nur deshalb suchen, weil ich wusste, dass es Antworten gab. Hätte ich nie zuvor von parallelen und seriellen Batterieschaltungen gehört, wäre ich gar nicht auf die Idee gekommen, meine Solaranlage von 12 Volt auf 48 Volt zu ändern und somit effizienter zu gestalten.

Das Gleiche galt jetzt für die Stützbalken. Auf einmal war da wieder mein Lehrer vom Werkunterricht vor mir, als wir damals aus Papier diverse Stützkonstruktionen gebaut hatten, und ich völlig verblüfft war, wie gefaltetes Papier komplett andere Tragekräfte erzeugte als nicht gefaltetes Papier. Oder mein Professor Klein, der mir Mathematik und Physik so erklärte, dass ich es zumindest halbwegs mit meinem von Teenager-Hormonen verblödeten Gehirn verstand. Die Erwachsenen von damals hatten wirklich recht.

Wer hätte schon gedacht, dass mir der Chemie- und Physikunterricht einmal nützlich sein würde, mit dem Kondenswasser einer Klimaanlage destilliertes Wasser für Solar-Akkus zu simulieren, um die Akkus ohne Einkaufsmöglichkeit am Leben zu erhalten? Meine Lehrer hätten mit mir in den vier Jahren in Belize richtig Freude gehabt.

Nachdem mein neues Haus abgesichert war, verbrachte ich noch eine Nacht auf der Insel, in der Hoffnung, die Bedrohung „Nana“ würde doch noch abdrehen. Aber dieses Biest zog genau auf uns zu und sollte in den nächsten Stunden noch ordentlich an Stärke zulegen. Von meiner Vorbereitungsliste vergaß ich selbstverständlich die Hälfte. So sicherte ich weder meine teuren Solarpanele ab, noch schaltete ich den Strom aus oder verschloss die Ventile meiner Wassertanks. Wobei mir das kein zu großes Kopfzerbrechen bereitete, denn würden meine je 2.500-Liter-Wassertanks weggespült werden, wären Kräfte am Werk gewesen, denen sowieso nichts widerstehen hätte können.

Mit meinen wichtigsten Dokumenten und einer kleinen Tasche mit Kleidung sprangen Mali und ich somit auf das Boot, und ich drückte meinen beiden Häusern die Daumen, dass sie diesen Abend und die Nacht überstehen würden. Die See war noch nicht allzu rau und der Himmel nur bedeckt. Von einer drohenden Katastrophe war noch nichts zu sehen, wenngleich sich die Wetterlage etwas gespenstisch anfühlte. Am Rückweg überprüfte ich auch noch die benachbarten Inseln, ob einer der Bewohner oder Arbeiter eine Mitfahrgelegenheit benötigte. Besonders um die Arbeiter und Hunde von Picaro machte ich mir Sorgen. Picaro besaß die Insel neben mir, war üblicherweise aber nicht vor Ort und seine Arbeiter besaßen kein Boot. Picaros Hunde Miso und Taco schwammen zwar regelmäßig zu mir, hätten aber mit Sicherheit keinem Hurrikan davonschwimmen können. Zum Glück waren alle versorgt, und ich fuhr so schnell ich konnte nach Placencia.

Mali und mir wurden mehrere sichere Unterkünfte angeboten. Sowohl von meinen deutschen Freunden Daniel und Rebecca als auch von meinen österreichischen Kumpels Herb und Simone. Bei Daniel und Rebecca wäre ich in ihrer Farm im Dschungel zu hundert Prozent sicher gewesen. Allerdings wäre ich dann auch von der Außenwelt abgeschnitten gewesen. Aufgrund der Nähe zur Insel bevorzugte ich daher, bei Herb und Simone zu bleiben. Von dort könnte ich, sobald sich das Wetter wieder beruhigte, sofort zur Insel fahren, um mögliche Schäden zu begutachten.

Da war er nun, mein erster Hurrikan-Abend. Wir drei Österreicher tranken einige Runden Bier, und Herb und Simone bereiteten mir traumhaftes österreichisches Essen zu. Nach und nach begann es zu donnern und zu blitzen, bis irgendwann ein Donnergrollen in das nächste überging und der Himmel durch das ununterbrochene Blitzfeuerwerk taghell erleuchtet war.

Herb und Simone lebten auf jener Seite der Placencia-Halbinsel, die der Lagune zugewandt war. Auch wenn die Halbinsel nur wenige hundert Meter breit ist, so machte es einen enormen Unterschied, ob man sich auf der wilderen Meeresseite aufhielt oder auf der ruhigeren Rückseite bei der Lagune. Ein Tropensturm kommt je nach Zirkulation aus mehreren Windrichtungen. So können die Orkanböen zuerst von Osten kommen. Wenn einen das Zentrum passiert hat, bekommt man es mit der Rückseite der sogenannten Eyewall zu tun, und die Orkanböen kommen aus Westen. Gespannt blickten wir auf das Wetterradar und meine Entscheidung, die Insel zu verlassen und nicht zu pokern, war goldrichtig.

Das Zentrum von Hurrikan „Nana" zog direkt auf uns zu. Und damit meine ich nicht Belize, sondern wirklich genau die Halbinsel Placencia. Hurrikan „Iris" hatte Anfang des 21. Jahrhunderts fast die gesamte Halbinsel zerstört, und das saß noch jedem der Bewohner in den Knochen. „Nana" hatte jedoch nicht die Stärke, so eine Zerstörung anzurichten, wurden doch ihre Windgeschwindigkeiten kurz vor Auftreffen auf das Land zum Glück nur in der untersten Kategorie 1 gemessen. Und ich stellte mir einen Hurrikan ganz anders vor. So geschützt im Wald, wo Herb und Simone wohnten, hätte ich „Nana" niemals als Tropensturm wahrgenommen. Die Stürme, die ich bereits auf der Insel erlebt hatte, fühlten sich nach einem ganz anderen Kaliber an. Wobei mir klar war, wie sehr meine geschützte Umgebung mich täuschte.

Da ich vergessen hatte, den Strom auf der Insel auszuschalten, war ich dennoch in Sorge. Ganz besonders wenn man sich erinnert, wie mein neues Haus mit Strom versorgt wurde. Durch den zuvor beschriebenen Stecker in einer Steckdose des Gästehauses, 30 Zentimeter über dem Sandboden. Das hatte ich großartig gemacht. Dümmer ging nicht. 20-Ampere Sicherungen und 40-Ampere-Kabeln, das alles zählte nun nicht mehr. Ein nicht abgeschalteter Stromkreis, der beide Häuser miteinander verband und eventuell gerade unter Salzwasser gesetzt wurde. Eine Katastrophe.

Das einzig Positive daran war, dass der Strom mir somit Zugriff auf meine Kameras gewährte. Und was ich sehen konnte, war alles andere als beruhigend. Unter dem Gästehaus stand trotz des rezenten Aufschüttens alles unter Wasser. Viel schlimmer noch: Alles schwamm, und ich konnte anhand der Infrarot-Kameras sehen, wie die Wellen gegen meinen Technikraum schlugen. Dort war der größte Wert der gesamten Anlage komprimiert, und ich hoffte, dass die dünnen Wände aus Pressholzplatten dem Druck der Wellen standhielten. Alle technischen Geräte waren in eineinhalb Meter Höhe montiert, dennoch war ich mir nicht sicher, wie hoch das Wasser innerhalb des Raumes stieg. Meine Steckdose war mit Sicherheit bereits unter Wasser und ich konnte nur hoffen, dass die Elektriker-Leistungen meines Freundes Chris nicht nur den Haarföhn-Tod verhinderten, sondern auch das Abfackeln meiner beiden Häuser.

So schnell wie das Unwetter aufzog, war es dann auch wieder weg. In den Nachrichten war zu sehen, wie wir am unteren Rand des Zentrums einen Volltreffer erlitten hatten. Ich konnte von nun an behaupten, im Zentrum eines waschechten Hurrikans gewesen zu sein. Meine Nacht war logischerweise nicht besonders entspannt, wusste ich ja nicht, was mich am nächsten Tag erwarten würde. Was mich am nächsten Morgen jedoch bereits positiv stimmte, waren die Daten, die ich nach wie vor über meine Internetverbindung erhielt. Das bedeutete, meine Satellitenschüssel hatte den Sturm überstanden. Somit gab es trotz des atmosphärischen Feuerwerks keinen Blitzschaden. Ebenso funktionierten meine Kameras noch, und von abgebrannten Häusern war nichts zu sehen.

Mit Sonnenaufgang bekam ich die ersten Werte meiner Solaranlage angezeigt. Zero Fehlermeldungen. Dies wiederum ließ darauf schließen, dass meine teure Solaranlage noch stand und wie gewohnt Strom lieferte. Ungeduldig machte ich mich somit früh morgens vom Acker, sprang mit Mali keine vierundzwanzig Stunden nach der Evakuierung auf mein Boot und steuerte gegen zwei Meter hohe Wellen auf die Insel zu.

Ganz so entspannt, wie die digitalen Daten vermuten ließen, stellte sich die Realität dann leider nicht dar. Noch immer stand alles unter Wasser. Der Meeresspiegel lag weiterhin, ausgelöst durch die Sturmflut, deutlich über dem normalen Pegel. Während die beiden Häuser und die Technik auf den ersten Blick unbeschädigt schienen, hinterließ die Sturmflut auf meinem gerade erst neu gestalteten Land eine Spur der Verwüstung. An den Rändern verlor ich um die fünf Meter Landfüllung. Meine neu gesetzten Mangroven-Pflänzchen hatten natürlich noch keine Zeit gehabt, ihre verästelten Wurzeln zu schlagen. Sie waren vom Meer weggerissen worden, genauso wie meine jungen Kokosnuss-Palmen. Einige meiner Palmen-Babys konnte ich in den Mangroven wiederfinden. Der größte Schaden entstand am Land selbst.

Wie sollte ich das nur meinem Freund und Finanzier Charly zeigen, der gerade erst seine Brieftasche weit geöffnet hatte, um den Wert des Grundstücks für den Verkauf zu steigern? Ich war am Boden zerstört. Aufgrund meiner Erfahrungen mit Depressionen und dem Verstehen der Abwärtsspirale, die mit negativen Gedanken einhergeht, fokussierte ich mich bewusst auf die positiven Aspekte. Die beiden Häuser auf der Insel standen noch, die Technik funktionierte und, wenn ich ordentlich hineinbeißen würde, könnte ich aus all der Verwüstung erneut mit Schaufel und Rechen etwas Ansehnliches gestalten.

So begann ich am nächsten Tag, als sich der Meeresspiegel wieder senkte, mit den Aufräumarbeiten. Stunde für Stunde, Tag für Tag. Meine Landauffüllung war zum Glück nicht nur in das Meer gespült worden, sondern größtenteils auf meinem Grundstück umverteilt. Und dies galt es wieder korrekt zu verteilen, mit grobem Material als Untergrund und dem feinen weißen karibischen Sand als oberste Lage. Wie man sich vorstellen kann, bestand der größte Teil der Arbeit zuerst im Trennen der unterschiedlichen Schichten. Nach einigen Wochen war alles fast wieder so schön wie nach der teuren maschinellen Füllung. Ich konnte durchatmen, ich hatte es geschafft. Doch ich hatte die Rechnung ohne den Wirt gemacht. Die Freude sollte nicht von Dauer sein. Das Universum hatte sich gerade erst aufgewärmt.

In der Nacht auf den 3. September 2020 hatte uns „Nana" getroffen. Das war nun vorbei. Zwei Monate später, als ich die Schäden so gut wie möglich beseitigt hatte, traf am 3. November 2020 der Hurrikan „Eta" mit Windgeschwindigkeiten von 220 km/h im Nordosten von Nicaragua auf Land. Es war mit der Kategorie 4 einer der stärksten je aufgezeichneten Tropenstürme in dieser Region, und seine Sturmflut war auch in Belize noch enorm. Obwohl meine Insel hunderte Kilometer von dem sogenannten Landfall entfernt lag, waren die Auswirkungen von „Eta" noch schlimmer als die Sturmflut des direkten Treffers von „Nana".

Erneut spülte es mir mein Land weg. Abermals verlor ich all die Jungpflanzen. Wieder standen Wochen an Arbeit vor mir, diesmal dadurch erschwert, dass weiteres Füllmaterial vom Meer verschluckt worden war. Mir ging langsam die notwendige Sandschicht aus. Zudem war ich diesmal live dabei, da die Vorhersagen zeigten, dass der Sturm zwischen Honduras und Nicaragua auf Land treffen würde und mir somit das Zentrum erspart bleiben würde.

Aber die Sturmflut hatte ich völlig unterschätzt.

Die erste Nacht mit hohen Wellen unter meinem Haus werde ich wohl nie vergessen. Ganz allein, auf einer Insel, in einer Sturmflut. Das war schon eine deutliche Abenteuer-Kategorie höher, als ich bisher erlebt hatte. Und eines war auch offensichtlich: Während ich den Bereich um das Gästehaus eventuell noch einmal retten könnte, waren die Füllarbeiten vor meinem Haus kaum zu kompensieren. Es fehlte einfach an allen Ecken und Enden an Material. Die Schäden waren jedoch nichts im Vergleich, welche Katastrophe „Eta" in Nicaragua und Honduras angerichtet hatte. In diesen beiden armen Ländern wurde im Einzugsgebiet alles zerstört und sogar ein komplettes Dorf unter einer Schlammlawine begraben. Dagegen waren meine Sorgen lächerlich.

Noch bevor ich wieder zu Schaufel und Rechen griff, war die nächste Hiobs-Botschaft auf den Karten des nationalen Hurricane Centers zu sehen. Ein neuer Sturm formte sich, nun „Iota" genannt. Wieder in der gleichen Region, wieder mit der gleichen vorhergesagten Route. Dieser Sturm sollte noch schlimmer als „Eta" werden. In nur eineinhalb Tagen explodierte „Iota" förmlich und verwandelte sich von einem Tropensturm in einen Hurrikan der gefährlichsten Stufe 5. Er entwickelte sage und schreibe 260 km/h Windgeschwindigkeiten.

Am frühen Morgen des 17. November 2020 traf der Sturm dann nur wenige Kilometer entfernt von jenem Ort, wo auch „Eta" einschlug, auf Land. „Iota" brach sämtliche Rekorde, was die rapide Intensivierung, den späten Zeitpunkt der Hurrikan-Saison, die Stärke und den Luftdruck betraf.

Positiv zu denken, fiel mir nach dieser erneuten Zerstörung sehr schwer. Nun war wirklich nicht mehr viel von der ursprünglichen Landauffüllung vorhanden. Mein Deck an der Meeresfront wurde komplett unterspült und sah aus, als würde es jeden Moment wegbrechen. Meine Nerven waren am Ende. Noch dazu, wo ich endlich wieder Buchungen in meinem Airbnb-Kalender hatte. Der Tourismus begann zaghaft nach Belize zurückzukehren, und die Grenzen wurden wieder geöffnet.

Neben dem Beseitigen der vorherigen Sturmschäden schaffte ich es, beim Belize Tourism Board meine Genehmigung für die strengen Auflagen der Kategorie „Gold Standard Hotel“ zu erhalten. Touristen durften wieder in das Land, aber nur in Gold Standard Hotels buchen, denen die strengsten Hygiene- und Organisationsregeln auferlegt wurden.

All das hatte ich geschafft. Endlich wieder Buchungen. Aber nun glich die Insel erneut mehr einem Katastrophengebiet als einer karibischen Palmeninsel. Mir blieb jedoch keine andere Wahl. Ich musste mich erneut aufraffen, die Zähne zusammenbeißen und nach Lösungen suchen. Viel Kraft hatte ich aber nicht mehr.

Eine der vielen entwurzelten Pflanzen auf der völlig überschwemmten Insel

Merkwürdige Dinge passieren

Weihnachten 2020 stand bevor. Drei Hurrikans hatten die Insel verwüstet. Ich hatte vier Wochen Zeit, um alles wieder für meine ersten Gäste nach der Pandemie bedingten Pause in Ordnung zu bringen.

Zwei Pärchen hatten fix gebucht. Nathan und seine Frau vor Weihnachten und Jeff und seine Partnerin direkt über Weihnachten. Beide Paare waren aus den USA und so unterschiedlich wie Tag und Nacht. Jeff kommunizierte absolut genial, und wir entdeckten schnell Gemeinsamkeiten, wie zum Beispiel unsere Liebe zum Star-Trek-Universum und eine gewisse Hippie-Mentalität. Nathan war als US-Army-Mitglied bekennender Waffennarr und der absolute Gegenpol.

Gäste sucht man sich natürlich nicht aus, und jeder Gast wurde von mir stets wie ein König behandelt. Ich hatte mich nach der maschinellen Landauffüllung darauf gefreut, meinen Gästen erstmalig eine Trauminsel zur Verfügung stellen zu können. Dank meines Einsatzes hatte ich zwar auch zuvor immer schon ausschließlich Fünf-Sterne-Bewertungen und führte so manche Rangliste als beste Airbnb-Insel weltweit an, aber dieses perfekte Sand-Palmen-Feeling fehlte zu dieser Zeit noch. Nun gab es diesen Platz, und die Unwetterkatastrophen hatten ihn zerstört. Ich musste einen Weg finden, nur mit meinen Händen und viel Einfallsreichtum eine Lösung zu finden und wanderte einen Tag lang auf der Insel umher. Bis ich die Lösung plötzlich vor mir liegen sah.

Als Mitte des Jahres – noch vor den Wirbelstürmen - die großen Maschinen auf die Insel gebracht wurden, hob die Transport-Barke den Zugang durch die Lagune mit einer Baggerschaufel aus. Dies entsprach meinen Genehmigungen durch die Umweltbehörde, da der Zugang über die Lagune die umweltfreundlichste Variante war. Es gab dort nur Schlamm. Im Gegensatz zur Vorderseite der Insel mit dem Korallenriff, wo nur ein Idiot etwas angetastet hätte und dafür ins Gefängnis gegangen wäre.

Beim Ausheben der Lagune entstanden entlang der Bootsschneise links und rechts kleine Inseln. Auch dies entsprach den Genehmigungen der Umweltbehörde, denn solche Inseln würden mit Mangroven zuwachsen, die Lagune und somit die ganze Inselkette absichern und kleinen Fischen neue Zufluchtsorte bieten. Ebenso war dieses Aushubmaterial ein Backup, falls man einmal irgendwo nachfüllen müsste. Wie ich darauf vergessen konnte, weiß ich bis heute nicht. Das ehemalig schlammige Material sah nicht besonders einladend aus. Bei genauerer Begutachtung fand ich jedoch unterschiedliche Sedimentschichten, die nicht nur Schlamm, sondern auch Korallenbruchmaterial mit weißem Sand enthielten. Ich hatte vier Wochen Zeit, um aus diesem Chicken McNugget, wie Thomas Stipsits in einem Kabarettstück so schön sagte, einen Adler zu machen.

Diesmal war die Schufterei um eine Nummer größer, denn dieses Aushubmaterial befand sich inmitten der Lagune. Mein großes Boot war völlig ungeeignet, um es für den Transport dieses Materials zu verwenden, aber ich hatte noch meinen kleinen Boston Whaler. Dieses Boot hatte zwar keinen Motor, aber es war flach und dadurch perfekt, um Säcke mit Sand und Geröll zu laden. Ich begann jeden Tag bei Sonnenaufgang, eine Spitzhacke, eine Schaufel und meine – wie einen Schatz über die Jahre gehüteten – großen Säcke in das kleine Boot zu legen. Dann drehte ich die Musik bei meinem Haus volle Power auf und begann zu graben. Es war sehr anstrengend – besonders bei stärkerem Wind – nur mit einer Schaufel als Paddel bewaffnet, so ein tonnenschweres Boot an die richtige Stelle zu manövrieren. Mali war selbstverständlich auch immer dabei. Wobei ihr das schnell langweilig wurde, und während ich schwitzte und stöhnte, ging Mali auf Jagd nach gefleckten Adlerrochen. Aufgrund der unterschiedlichen Sedimentschichten benötigte ich um die zwei Stunden, um genügend Säcke für eine Bootsladung zu füllen. Danach paddelte ich das an die Grenze der Tragfähigkeit beladene Boot gegen die Strömung zurück zum Dock, hob die Säcke aus dem Boot und brachte sie mit einer Schubkarre an jene Stellen, wo ich Land aufschütten musste. Dabei trieb es mir Tränen in die Augen, wenn ich mich erinnerte, wie viel Aushubmaterial in einer dieser großen Baggerschaufeln war, als die schweren Maschinen meine Insel füllten. Ich denke, nicht einmal an einem ganzen Tag brachte ich so viel Füllmaterial zusammen, wie es eine einzige Baggerschaufel schaffte.

Während dieser mehrwöchigen Arbeit zog ein Gewitter auf. Abgeschieden in einem Paradies zu leben, vermittelt ein derartiges Wetterphänomen stets das Gefühl von Gefahr. Ich war auf der Insel immer allein und die wenigen Menschen, die von Zeit zu Zeit vorbeischauten, kannte ich alle. Selbst jene, die gute Bekannte waren, hätten nicht so einfach ohne Vorankündigung einen Fuß auf meine Insel gesetzt. Abgeschiedenheit und Isolation rufen automatisch einen ganz besonderen Respekt in Bezug auf die Privatsphäre hervor. Man weiß, dass ein Inselbewohner oft auch nackig herumläuft und in seiner eigenen Welt lebt. Und dieser Welt begegnet man mit dem höchsten Respekt.

Eines Tages jedoch, als ich schon recht weit mit meinen Arbeiten vorangeschritten war, hörte ich auf einmal Rufe. Ich war mit meinem Boot wieder bei einer der Inseln, füllte Sandsäcke und konnte nicht so einfach zum Dock und meinen Häusern zurückkehren. Noch dazu gab es keinen Zugang von der Vorderseite. Boote hätten nur bei mir in der Lagune anlegen könne, und ich fragte mich, was zur Hölle da vorging. Auf einmal sah ich durch die Mangroven auf der Vorderseite der Insel ein Segel. Ein äußerst merkwürdiges Segel, rabenschwarz und wie ein Dreieck geformt. Ich kannte so gut wie alle Boote aus meiner Umgebung und dieses Segel hatte ich noch nie zuvor gesehen. Was noch viel schlimmer war: Vier Personen waren auf meiner Insel, bei meinem neuen Haus. Sie hatten meine Insel betreten, einfach so.

Mein Gefahrenbarometer schlug aus, denn irgendwas konnte hier nicht stimmen. Versuchten diese vier Männer, etwas zu stehlen? Meine Musik musste ihnen klar machen, dass jemand da war. Als die vier Typen näherkamen, war ich froh, die Lagune zwischen mir und ihnen zu haben. Es fühlte sich nicht gut an, fremde Menschen auf meinem Grundstück zu haben. Sie erklärten, es wäre ihnen das Benzin ausgegangen und fragten, ob ich ihnen helfen könnte. Als Dankeschön würden sie mir Hummer schenken. Etwas anderes hätten sie leider nicht zu bieten. Mein Bauch sagte mir, dass hier etwas nicht stimmte, und vor allem war ich sauer, dass sie ihr Boot über mein fragiles Riff geschliffen hatten. Mein Herz wiederum wollte niemandem unrecht tun. So rief ich ihnen zu, wo sie unter meinem Haus einen Kanister mit fünf Gallonen Benzin finden würden. Zwanzig Liter, das war mehr als genug, damit sie nach Placencia, dem nächsten Ort mit einer Tankstelle, kommen könnten.

Die vier Männer bedankten sich, brachten mir wie versprochen zwei schöne Hummer zu meinem Dock und zogen von dannen. Während mein Bauch weiterhin flüsterte, dass da etwas faul war, versuchte mich mein Herz zu beruhigen. Doch mein Bauch behielt wie immer recht, und eine Nacht später wurde bei mir eingebrochen.

Es war kein Einbruch im klassischen Sinne, jedoch äußerst merkwürdig. Es begann damit, dass ich gegen 20 Uhr auf meiner Terrasse ein Geräusch hörte, wie wenn jemand gegen einen meiner Plastikstühle gelaufen wäre. Man muss sich vorstellen, wie stockdunkel es auf so einer Insel ist, wenn es kein Mondlicht gibt. Es gibt absolut keine Lichtverschmutzung. Stockdunkel bedeutet wirklich stockdunkel.

Zögerlich öffnete ich zuerst meine Schlafzimmertüre und versuchte, auf meiner Terrasse etwas zu erspähen. Ich dachte niemals daran, auf der Insel angegriffen zu werden. Auch meinte ich, dass Einbrecher ängstlich vor mir davonlaufen würden. Ich öffnete die Eingangstüre. Sehen konnte ich nichts, aber mein Sessel war aus seiner sturmsicheren Position verrutscht. Und es war absolut windstill in dieser Nacht.

Am nächsten Morgen, als ich mich wieder zum Schaufeln und Säckefüllen aufmachte, musste ich feststellen, dass jemand in der Nacht meinen Bootsmotor aus seiner Trockenstellung in das Wasser abgesenkt hatte. So etwas passiert nicht von allein. Mein Motor war immer so hoch wie möglich aus dem Wasser und zum Schutz der Kabel bis auf Anschlag nach rechts gedreht. Nun war er im Wasser und nach links gedreht. Zudem stand meine Bootstüre weit offen und die wenigen Dinge, die in der Kajüte verstaut lagen, waren auf das obere Deck getragen worden. Der Erste-Hilfe-Kasten war geöffnet und eine Fünf-Gallonen-Wasserflasche verschwunden.

Was jedoch weniger nach einem Diebstahl als einer Verzweiflungstat aussah, war der Umstand, dass ein neues, gefaltetes T-Shirt auf meinem Deck lag. Ich dachte sofort an die Fischer. Für mich sah es so aus, als wäre ihnen das Wasser ausgegangen, und sie wollten keinen Diebstahl begehen, sondern mich sozusagen bezahlen. Mit einem T-Shirt. Und dass ich auf Rufe in der Nacht nicht besonders freundlich reagiert hätte, davon mussten sie wohl ausgehen. Ebenso konnten sie nicht wissen, dass ich unbewaffnet war. Viele Belizianer haben stets eine Waffe eingesteckt oder besitzen ein Gewehr, ganz besonders auf einer Insel.

Ich versuchte mich daher einerseits zu beruhigen, dass ich keine weitere Gefahr zu befürchten hatte. Aber diesmal gewann mein Bauch. Ich positionierte meine Kameras um. Anstatt das leere Gästehaus zu bewachen, montierte ich nun eine Kamera neben mein Boot und die andere Kamera vor meinen Stiegenaufgang. Das Vertrauen in meine Abgeschiedenheit war zu diesem Zeitpunkt das erste Mal gebrochen. Zudem häuften sich Berichte über bewaffnete Raubüberfälle von Piraten auf arme Fischer, denen die Boote geraubt wurden. Vier Fischer waren bereits spurlos verschwunden, und in Placencia wurde fast wöchentlich ein Boot gestohlen. So etwas hielt ich zwar aufgrund meiner versteckten Lage in der Lagune für unmöglich, dennoch gaben mir die Kameras ein gewisses Gefühl von Sicherheit. Überwachung war eines, aber zum ersten Mal dachte ich über das „Was wäre wenn?“ nach. Was wäre, wenn jemand wirklich bei mir einbrechen und mich sogar angreifen würde?

Ich entfernte Werkzeuge von meiner Terrasse, die bisher aus praktischen Gründen immer auf meiner Esstisch-Werkzeugbank lagen. Mein dort stets gelagerter Hammer hätte es einem Einbrecher einfach gemacht, eines meiner Fenster einzuschlagen. Und dann eventuell auch meinen Kopf. Mein Kopfkino begann zu spinnen. Ich nahm noch mehr Werkzeuge, die schwere Spitzhacke, den Hammer, ein Küchenmesser, meine größte Harpune und sogar eine Machete in mein Schlafzimmer. Ich dachte mir noch, auf keinen Fall in den nächsten Wochen lasch zu werden und diese Vorsichtsmaßnahmen zu vernachlässigen. Zu leicht könnte ich mich wieder in Sicherheit wiegen und dann im Fall des Falles keine Verteidigungsmöglichkeit haben. Wie gut ich mich doch kannte. Und wie wenig ich auf mich hörte. Natürlich versandeten diese Sicherheitsvorkehrungen in den nächsten Wochen genauso im Nirvana wie meine Landauffüllung in den Sturmfluten der vergangenen Hurrikans. Ich vergaß den Zwischenfall und buddelte die nächsten Wochen weiter, um den Schaden von „Eta“ und „Iota“ vor dem Eintreffen meiner Gäste zu beheben.

Es war zwar eine frustrierende Sisyphos-Sturheit, aber meine monotone tägliche Arbeit machte sich bezahlt. Vier Wochen täglicher Schweiß waren von Erfolg gekrönt, und einen Tag vor dem Eintreffen von Nathan und seiner Frau sah alles wieder wie in einem Ferienkatalog aus. Weißer Traumstrand, Palmen und alles so eben, wie wenn nie etwas geschehen wäre. Während Nathan dies einfach so hinnahm, waren Jeff und seine Frau völlig hin und weg. Sie kannten noch die alten Bilder aus dem Internet und folgten meinem Platz im digitalen Universum schon seit längerer Zeit. Dementsprechend verzückt waren sie von der neuen Gestaltung und schwärmten in höchsten Tönen. Und es gab endlich wieder ein Einkommen mit Aussicht auf noch viel mehr. Die Buchungen nahmen von Tag zu Tag zu, und sogar der gesamte April war bereits ausgebucht.

Ich hatte es also abermals geschafft. Ich hatte nicht aufgegeben und mich dem Schicksal entgegengestellt. Nur mit meinen beiden Händen. Es fühlte sich so gut an! Und ich hatte fast vergessen, wie es ist, Gastgeber zu sein. Nathan war für mich der klassische Trump-Anhänger. Ein Waffennarr, der sich auf seinem Instagram-Profil als Jugendpriester bezeichnete und den Lord stets mit Krieg in Verbindung brachte. Sein Glauben war Krieg, und sein Krieg fand für den Glauben statt. Noch nie zuvor sah ich mir die sozialen Profile meiner Gäste an, doch Nathan bat mich darum. Und er merkte wohl, dass ich daran keinen besonderen Gefallen fand. Aus meiner Sicht konnte ich keinen Unterschied zu radikalen Islamisten erkennen, die auch für ihren Gott in den Krieg ziehen. Dementsprechend schwieg ich.

Was mich wirklich schockierte, waren die Bilder von Nathans Tochter auf Instagram. Ein kleiner blonder Engel, vermutlich nicht viel älter als fünf Jahre, der Nathans Sturm- und Scharfschützengewehre zerlegte und reinigte. Wie viele Menschenleben hatte Nathan wohl mit diesen Waffen beendet? Und diese Tötungsmaschinen ließ er von seiner kleinen Tochter reinigen? Es war in meiner pazifistischen Welt völlig unverständlich, wieso so viele US-Amerikaner ihren Waffen völlig verfallen waren.

All die Massenschießereien, die vielen Kinder, die in Schulen erschossen wurden, und die Bürger pochten dennoch weiterhin auf ihre Waffenrechte. Für mich sah es so aus, als würden sie um ihr Lieblingsspielzeug kämpfen und ihr Recht auf Waffen über alle anderen Rechte stellen. Wirklich betroffen machten mich jedoch stets Bilder und Videos, wo US-Amerikaner ihre Kinder schießen lassen. Wie konnte man nur seinen Kindern den Umgang mit Waffen lehren? Bei den wenigen Diskussionen, die ich auf Facebook mit US-amerikanischen Freunden führte, erhielt ich stets die gleiche Antwort: „Man kann nicht früh genug beginnen. Kinder müssen lernen, damit umzugehen, nur dann können sie die Waffen sicher bedienen und sich auch verteidigen."

Ich hatte das nie verstanden. Dass ich meine Skepsis und Abscheu für Waffen keine paar Wochen später hinterfragen musste, wusste ich zu diesem Zeitpunkt natürlich nicht. Wie sehr ich mir später gewünscht hätte, mehr über Waffen und deren Bedienung zu wissen, auch nicht. Hätte ein „Ich" aus der Zukunft mich besucht und mir gesagt, dass ich meine Einstellung demnächst zu 180 Grad ändern würde, ich hätte mich selbst als fremde Version aus einem anderen Paralleluniversum ausgelacht. Dabei war ich durch den Einbruch auf mein Boot vorgewarnt.

Doch noch fühlte ich mich zurück im Paradies. Das Einkommen war wiederhergestellt, und es war nur eine Frage der Zeit, bis die eineinhalb Millionen Dollar auf mein Konto wandern würden. Bis dahin wollte ich mir eine schöne Zeit machen. Die schwere Arbeit war getan und mir wurde fast etwas langweilig. Insofern beschloss ich, die Insel nun wie ein Urlauber zu genießen.

Ich ging tagsüber zum Gästehaus, spielte mit Mali noch mehr als zuvor und hörte karibische Musik. Ich genoss gute Cocktails und träumte davon, dass meine Söhne mich demnächst besuchen kommen würden. Denn in wenigen Tagen würde es so weit sein: Yannick und Kimi würden kommen. Der Pandemie zum Trotz. Begleitet von einem guten Freund, namens Fabian, von dem ich schon viel gehört hatte.

Ich konnte es kaum erwarten. Die vier verdächtigen Besucher hatte ich bereits vergessen.

Mein Boot am Dock in der stets ruhigen Lagune

Mit meinen Söhnen dem Paradies ganz nahe

Dann war es so weit. Am 6. Januar 2021 waren meine Söhne Yannick und Kimi und ihr Freund Fabian auf dem Weg nach Belize. Aufgrund des geplanten Verkaufs sollte es unser letzter gemeinsamer Aufenthalt auf der Insel werden. Dass es beinahe das letzte Treffen meines Lebens mit ihnen werden sollte, ahnte ich noch nicht.

Die Anreise aus Europa war immer schon eine nervtötende Angelegenheit. Es gibt keine Direktflüge nach Belize. Ich hatte meine Söhne zuletzt als Kinder gesehen. Nun kamen sie mit ihren siebzehn und neunzehn Jahren als erwachsene Männer auf Besuch.

Im ersten Jahr meines Auswanderns sahen wir uns drei Mal. Zwei Mal bei mir in Belize, und ein Mal besuchte ich sie in Österreich. Meine Söhne waren damals dreizehn und fünfzehn Jahre alt. 2017 war das letzte Mal, dass ich sie in Österreich gesehen hatte. Im Jahr 2018 konnten sie mich auch noch zwei Mal besuchen. Im Jahr 2019 ging sich ein Besuch nur mehr für meinen jüngeren Sohn Kimi aus. Danach schlug die Pandemie mit voller Härte zu.

Dementsprechend war dies nun das erste Wiedersehen mit Yannick seit über zwei Jahren und mit Kimi seit über einem Jahr. Natürlich waren wir in ständigem Video-Chat-Kontakt, aber das konnte echte gemeinsame Zeit nicht ersetzen. Für dieses Wiedersehen hatte sich auch das

Team des Fernsehformats RTL Explosiv angemeldet. RTL begleitete mich von Beginn an auf meiner Reise von den Depressionen in Österreich bis zu meinem Inselglück in Belize. Allerdings war es für die RTL-Crew noch schwieriger als für meine Söhne, nach Belize zu kommen, da sie zuerst in Kuba Dreharbeiten hatten. Aufgrund der explodierenden Corona-Zahlen in Mexiko stellte Kuba alle Flüge von und nach Mexiko ein. Und der Plan von RTL war es eigentlich gewesen, mit meinen Söhnen gemeinsam von Cancun nach Belize zu fliegen, unser Wiedersehen zu filmen und ein paar Tage mit uns gemeinsam auf der Insel zu verbringen. Das funktionierte vorerst nicht.

Für meine Söhne und ihren Freund lief zuerst alles nach Plan. Die Reiseroute führte sie von Wien nach Frankfurt und dann nach Cancun in Mexiko. Aufgrund des Anschlussfluges mussten sie dann eine Nacht in Cancun verbringen. Am nächsten Tag ging es in einem kleinen Tropenflugzeug nach Belize City und dann erneut mit dem Flugzeug in 25 Minuten nach Placencia. Alles war so geplant, dass die drei Jungs vor Sonnenuntergang ankommen sollten. Danach würde die Bootsfahrt zur Insel – vor allem bei Schlechtwetter – aufgrund der fehlenden Sicht alles andere als gemütlich werden. Bei Dunkelheit hilft auch ein Kompass nicht, um zwischen den Korallenriffen die natürlichen Kanäle mit tieferem Wasser zu finden und durch die Mangroven zu navigieren.

Von den drei Burschen war alles perfekt geplant, allerdings zeigte sich Belize von seiner unprofessionellen Seite. Die Hoteliers, also auch ich, wurden über Monate mit den neuen Covid-Vorschriften gequält, mussten Boote und Autos nach jedem Gast komplett desinfizieren, und Touristen wurden genötigt, eine marode Gesundheits-App mit Bewegungstracker zu installieren. Verwunderlich war nur, dass nicht auch der Segen des Papstes zur Erlaubnis für die Einreise nötig war.

Bei der Ankunft meiner Söhne in Belize City war dann jedoch die Gesundheitsbehörde einfach nicht da. Und ohne Gesundheitsbehörde gab es keine Einreise. Ich wartete zu diesem Zeitpunkt bereits in Placencia und versuchte, über meine Kontakte der Flughafenaufsicht die Hölle heiß zu machen. Alle jammerten, wie Belize unter dem fehlenden Tourismus zugrunde ging und die Kriminalität explodierte. Als dann endlich Touristen kamen, war den Mitarbeitern der Gesundheitsbehörde am Flughafen langweilig. Sie fuhren einfach davon. Ich konnte dies einfach nicht fassen.

Die drei Jungs waren nicht die einzigen, auch andere Passagiere aus Cancun mussten ihre Anschlussflüge erwischen. Niemand kam durch. Wozu im Vorfeld sämtliche Genehmigungen mit QR-Codes anhand der PCR-Tests, Gesundheits-App und der Nachweis der Buchung eines Gold-Standard zertifizierten Hotels ausgestellt wurden, konnte mir niemand beantworten. Alle Vorgaben waren erfüllt, und der QR-Code bestätigte dies. Es nützte nichts. Ohne die faulen Pfeifen von der Gesundheitsbehörde gab es keine Einreise. Das neu eingeführte System und die monatelange Quälerei durch das Belize Tourism Board wurden in diesen Stunden ad absurdum geführt.

Es kam, wie es kommen musste. Mit enormer Verspätung und dem letzten Restlicht für eine sichere Landung in Placencia kamen die Burschen an. Ein paar Minuten später und die Maschine hätte auf unserem kleinen unbeleuchteten Airstrip nicht mehr landen dürfen. Was sich für den Kapitän des Flugzeugs gerade noch ausging, war für den Kapitän des Bootes, also mich, zu spät. Wir hetzten zwar mit meinem alten Truck vom Flughafen zu meinem Boot, aber die Dunkelheit war bereits angebrochen.

Ich brauchte all meine Erfahrung, uns unter Zuhilfenahme des Kompasses sicher zu meinem Dock zu bringen. Während die drei Burschen zu Beginn noch alles lustig fanden und meine Besorgnis nicht ganz nachvollziehen konnten, wurde es dann beim Fehlen jeglichen Lichtstrahls bald auch für sie klar, dass dies keine Vergnügungsfahrt war. Die hohen verstreuten Korallenriffe hätten den Schiffsboden aufreißen können. Die natürlichen Kanäle zwischen den Riffen waren teilweise nur wenige Meter breit und meine einzige Orientierung war die Spiegelung der Meeresoberfläche. Anhand der Verwirbelungen an der Wasseroberfläche konnte ich erkennen, ob ich nahe einem gefährlichen Riff war oder in einem sicheren Kanal. Wäre ich diese Strecke nicht schon tausende Male bei Tag gefahren, ich hätte keine Chance gehabt, das Boot heil bis zu meinem Dock zu navigieren.

Auf der Insel angekommen, fiel uns allen merkbar die Anspannung von den Schultern. So hatte ich mir das Wiedersehen mit meinen Kindern nicht vorgestellt, obwohl ich darauf vorbereitet war, dass Belize wieder einmal auf ganzer Länge versagen würde. Egal ob es sich um Behörden oder einzelne Beamte handelte, von anderen wollten sie immer das Unmögliche, aber selbst bekamen sie nicht die einfachsten Dinge auf die Reihe. Ich verstand die Armut, die technischen Herausforderungen für ein Entwicklungsland, sogar, warum deswegen Korruption an der Tagesordnung stand. Aber die unfassbaren Ansprüche, die Belize stets an seine zumeist ausländischen Melkkühe stellte, waren einfach nur lächerlich. Während der Staat in vielen Bereichen versagte. Egal ob Umweltbehörde, Einwanderungsbehörde, Tourismusbehörde, was ich in den vier Jahren erlebte, wäre ausreichend Stoff für eine Slapstick-Komödie.

Behörde: „Damit Sie die Genehmigung von uns erhalten, müssen Sie die nächsten sechs Monate üben, im Handstand zu stehen. Allerdings nur auf einer Hand und natürlich ohne Stütze. Währenddessen müssen sie mit den Füßen den Rhythmus von Lambada klatschen. Davon wollen wir einmal pro Monat Aufnahmen sehen, gedreht mit einer digitalen Ultra-8-K-Videokamera. Wir möchten Sie dann am Ersten des sechsten Monats sehen."
Hat man das alles erfüllt und erscheint am Ersten des sechsten Monats im Handstand, auf einer Hand stehend, mit den Füßen Lambada klatschend, so wird niemand da sein, um es sich anzusehen. Mit hochrotem Kopf werden so die nächsten Stunden vergehen, bis irgendwann kurz vor Büroschluss eine Person erscheint. Diese wird einem dann erklären, dass man keine Geräte hatte, um Ultra-8-K-Videoaufnahmen anzusehen, und man bitte erst wieder in sechs Monaten erscheinen soll, wenn sich ein Gremium zusammengesetzt hat, um neue Auflagen zu definieren. Außerdem gäbe es gerade keine Stempelkissen, und ohne Stempelkissen könne man nicht abstempeln. Wenn man aber 50 Dollar erübrigen könnte, um der kranken Schwester der Tante der Cousine des Nachbarn zu helfen, könnte man für das geöffnete Herz und den geöffneten Geldbeutel den benötigten Stempel aus dem Nebenzimmer bekommen. Aber wirklich nur, wenn es von Herzen kommt und ohne, dass dies verlangt werden würde.

Aber all dieser Wahnsinn war wie weggeblasen, als meine Söhne und ich nun wiedervereint auf der Insel waren. Kein Stress durch andere Gäste. Diese zwei Wochen sollten nur uns gehören. Wir wollten zum ersten Mal ausschließlich auf der Insel ohne Pendeln zum Festland bleiben. Ich war in Tränen aufgelöst, denn meine Kinder nun als erwachsene Männer zu sehen und zu erleben, war völlig surreal. Für mich war die Zeit vor Jahren – trotz der regelmäßigen Chats – stehen geblieben, während meine beiden Jungs ihre Kindheit hinter sich gelassen hatten. Dementsprechend war auch fast nichts mehr von den brüderlichen Reibereien vorhanden, die bei den Besuchen die Jahre zuvor einzelne Tage dominierten. Nun waren wir vier Männer, die Spaß auf einer karibischen Insel hatten. Wir mixten Cocktails, tranken, sangen, feierten, erzählten Geschichten aus unseren unterschiedlichen Lebenswelten, und ich war von Stolz und Ehrfurcht gepackt, zu welch großartigen Erwachsenen meine Söhne herangewachsen waren.

Das Robinson-Crusoe-Leben hatte die drei Burschen natürlich sofort erfasst. Wir verbrachten einen Großteil der Tage mit unseren Harpunen im Meer. Was für mich diesmal anders war, war meine große Erfahrung, und erstmals konnte ich meinen Söhnen wirklich neue Dinge im Meer zeigen. Es tat unendlich gut, ihre Anerkennung zu bekommen. Nichts warf mich aus der Bahn, wenn einmal etwas nicht funktionierte. Während in den Jahren zuvor noch Skepsis herrschte, wenn ich vor etwas warnte, spürte ich nun blindes Vertrauen in meine hinzugewonnenen Fähigkeiten.

Es war das erste Mal, dass mir bewusst wurde, wie sehr ich mich verändert hatte. Ich sah die Natur nicht mehr als etwas, das man bezwingen muss, sondern als etwas, mit dem man zusammenlebt. Sobald man das verstanden hat, wird es in allen Bereichen wesentlich einfacher. All das könnte man natürlich auch auf den gesamten Planeten umlegen, und so unterhielten wir uns ebenso intensiv über die Herausforderungen in Bezug auf den Klimawandel und die Möglichkeiten erneuerbarer Energien. Vieles schien so einfach, wenn man auf einer Insel lebt, wobei nachhaltiges Leben durch den großen vorhandenen Platz und die immerwährende tropische Sonne deutlich einfacher umzusetzen war als in einer Großstadt in nördlichen Breitengraden. Gleichzeitig zeigte mir meine Abgeschiedenheit die Limits auf, und wie sehr ich von anderen abhängig war.

Natürlich ging es nicht nur philosophisch zu. Erwähnte ich das Singen und Feiern? Wir hatten unendlich viel Spaß und entzündeten jeden Abend gesammeltes und getrocknetes Treibholz. Da mein geschätzt fünfundzwanzigster Gasgriller in vier Jahren dank der salzhaltigen Luft wieder einmal völlig durchgerostet war, hatte ich auch bereits für die beiden Gästegruppen von Nathan und Jeff auf die Natur-Variante umgestellt. In einem Kreis, den ich durch alte Korallenfelsen gebildet hatte, war das abendliche Feuer zwischen Meer und dem Gästehaus das ultimative Erlebnis, um den Tag ausklingen zu lassen. Dank eines großen Grillrostes konnten wir so außerdem unseren Fang des Tages räuchern und unter freiem Himmel genießen. Interessanterweise standen die drei Burschen auf Musik, die auch mir gefiel. Auf Techno eingestellt, war ich ganz verzaubert, als Johnny Cash, Achtziger-Jahre Musik und Medival-Musik aus meinen großen Lautsprechern tönte. Und da es keine Nachbarn oder Gäste gab, konnten wir mit unserer Lieblingsmusik so richtig Gas geben.

Was für einen Traumplatz ich doch geschaffen hatte. Mit Menschen, die man liebt, war es auf einmal das beste Paradies, das ich mir vorstellen konnte. All die Arbeit, Sorgen und Schulden waren vergessen. Ich genoss jeden Moment unseres Zusammenseins.

Der Verkauf war weiterhin unvermeidbar, und Kimi und ich schmiedeten an unseren gemeinsamen Zukunftsplänen. Bei einem Verkauf der Insel zu eineinhalb Millionen

US-Dollar sollten wir genügend Geld haben, gemeinsam ein Restaurant zu eröffnen. Während Yannick bereits finanziell abgesichert war, liebte Kimi seine Kochlehre und verbesserte hingebungsvoll ständig seine Rezepte. Nun, gemeinsam auf der Insel, war es viel einfacher, von dem zukünftigen Projekt zu träumen. Kimi wollte ebenfalls ans Meer, wobei die Pandemie besonders mir aufgezeigt hatte, welche Risiken in einem Geschäftsmodell bestehen, das vom Tourismus abhängig ist. Wir diskutierten über eine Taverne in Griechenland, einem Lokal in Kroatien und den Möglichkeiten, die wir in Österreich hätten. Zudem wollte ich unbedingt meine Begeisterung für ökologisches und nachhaltiges Leben in die Geschäftsidee einflechten, was das Führen eines Restaurants nicht gerade einfacher machte.

Die RTL-Crew hatte es bis zuletzt nicht geschafft, zu uns zu stoßen und gab irgendwann frustriert auf. Nach mehreren Nächten auf Flughafen-Gates hatte sie es sogar bis Toronto in Kanada verschlagen, aber sie schafften es einfach nicht, bis nach Belize zu kommen. Gegen Ende fiel dann die Entscheidung, den Dreh abzusagen. Die Burschen und ich machten unsere eigenen Aufnahmen. Und diese Aufnahmen sollten für RTL noch wesentlich spannender werden. Für die Jungs und mich blieb somit ausschließlich Zeit für uns, ohne auf Kameras zu achten. Die Tage verflogen mit Schnorcheln, Speerfischen, Wakeboarden, Angeln, endlosem Spielen mit Mali, Kajaken in der Lagune, Brettspielen und Gesprächen über die Zukunft.

Als das Datum der Abreise näher rückte, begann sich meine Kehle wieder zuzuschnüren. Natürlich nicht so schlimm als vier Jahre zuvor, da ich hoffte, die Insel bald verkaufen zu können. Ohne meine Familie war abzusehen, dass mich die Einsamkeit nicht mehr besonders glücklich machen würde. Der Abschied fand in Etappen statt: Zuerst musste ich Yannick und Fabian verabschieden, da diese geplant hatten, ein paar Tage in Cancun zu verbringen. Nachdem sie allerdings das Inselleben so aufgesaugt und die absolute Freiheit ohne Pandemie-Vorschriften genossen hatten, war auch für sie etwas Wehmut dabei. Kimi drückte ich dann wenige Tage später ein letztes Mal, als er seinen Flug antrat.

Keiner von uns konnte ahnen, dass dies beinahe unser letztes Zusammentreffen geworden wäre. Wenige Wochen später geschah das Undenkbare.

Fang des Tages: Hogfish, Schafsköpfe und Snapper

Der Tag vor der Katastrophe

Dies ist ein Tagebucheintrag. Ich habe ihn deswegen in das Buch integriert, weil es im Nachhinein gesehen ein ganz besonderer Tag war. Angelehnt an den Titel meines ersten Buches war dies der letzte Tag meines Lebens von vorne.

Gestern habe ich ein paar mit Algen überwachsene Steine und angespülte tote Korallenbrocken aus dem sandigen Bereich vor meinem Sonnendeck entfernt. Diese scharfkantigen Relikte, ehemals prachtvolle Korallen aus dem tieferen Wasser, sind äußerst schmerzhaft, wenn man darauf tritt. Und das kommt bei meinen Gästen gar nicht gut an. Immerhin zahlt meine nächste Gruppe 10.000 US-Dollar für ihren Aufenthalt. Da muss einfach alles passen.

Außerdem entstehen durch die großen überwachsenen Steine am Boden schwarz erscheinende Flecken im türkis-grünen sandigen Meeresbereich. Der Rest besteht aus einem atemberaubenden Korallenriff. Es war natürlich nicht das erste Mal, dass ich mir die Langeweile mit so sinnlosen Arbeiten vertreibe und Steine entferne, aber diesmal machte ich mich an die größeren Brocken heran. Manche von ihnen sind nur schwer aus dem Sand zu bekommen, da sie vom Untergrund angesaugt werden. Andere wiederum liegen ganz lose auf der Oberfläche und sind leicht zu entfernen.

Nun weiß ich nicht genau, welcher dieser felsigen Steine mir eine unruhige Nacht bescherte, jedenfalls hatte mir irgendetwas an meiner linken Hand den Zeige- und

Mittelfinger verletzt. Tagsüber hatte das keine besondere Bedeutung, obwohl es juckte, und die betroffenen Finger deutlich anschwollen. Auch wenn ich kein Meeresbiologe und auch noch immer kein Tropenexperte bin, hatte ich doch bereits einige Erfahrung mit tropischen Giften gemacht. So hat mich zum Beispiel einmal ein durch meine Unachtsamkeit verschreckter Unterwassergeselle in Angst und Panik versetzt.

Dies geschah noch am Strand von Placencia vor ein paar Jahren. Ich hatte zuerst keine Ahnung, was mir da gefühlsmäßig meinen Fuß amputiert hatte, aber ich dachte – und das ohne Übertreibung –, irgendein krabbenartiges Tier hätte mir im hüfttiefen Wasser meinen rechten Fuß in der Hälfte durchgeschnitten. Der Schmerz war das Heftigste, was ich bisher in meinem Leben erfahren hatte. Man kennt vielleicht dieses Video eines Hundes, der wegen irgendeiner Berührung unter Wasser – nahezu wie Jesus – über die Wasseroberfläche springend die Flucht an Land ergreift.

So ähnlich muss ich wohl ausgesehen haben. Mein Fuß blutete heftig, als ich den Strand erreichte. Aufgrund der Schmerzen konnte ich kaum stehen. Eine Belizianerin, die gerade am Strand war und meine Weichei-Drama-Show mitbekam, lief sofort zu mir und erkannte umgehend, was die Ursache meiner Hysterie war. Ein Stachelrochen hatte mich erwischt!

Normalerweise achtete ich im Wasser auf meine Schritttechnik, da ich vor Stachelrochen gewarnt war, aber dadurch, dass ich gerade mit Kindern im Wasser Ball spielte, war ich unvorsichtig geworden. Um nicht auf Stachelrochen zu treten, sollte man schlurfende Schritte machen, da dies etwaige im Sand vergrabene Rochen aufscheucht. Das hatte ich nicht gemacht. Ich trat auf einen

Stachelrochen. Dieser schnalzte als Abwehrmechanismus seinen Schwanz in einer peitschenartigen Bewegung auf die Oberseite meines Fußes. Der Stachel, der wie ein kleines Messer geformt ist, hämmerte sich mit Brutalität in den Fuß.

Nun ist aber nicht nur die Schnittverletzung ein Problem, sondern dieser Stachel enthält Gift, das sehr ernst zu nehmen ist. Der berühmte Crocodile-Hunter aus Australien verlor sein Leben, weil ihn so ein Stachel in die Brust getroffen hatte. Was ich von der Belizianerin lernen durfte, war die einzige effektive Erste Hilfe: Man muss sofort, umgehend und so schnell wie möglich, die betroffene Stelle der Hitze aussetzen. So heiß, dass man es gerade noch aushalten kann. Die Hitze denaturiert die Proteine des Gifts, und man ist im Handumdrehen schmerzfrei.

Ich löste dieses Problem, indem ich meinen Fuß unter heißes Wasser hielt, während ich eine Kartoffel kochte, um diese dann auf die betroffene Stelle zu legen. Wartet man zu lange, breitet sich das Gift im Körper aus. Der Hitzetrick funktioniert übrigens auch mit den lästigen Stichen von Sandfliegen. Nichts funktioniert besser als Hitze. Lokale Antihistaminika kaschieren das Problem nur, denn das Gift bleibt ja weiterhin in der Haut. Unbehandelt hat man Tage bis Wochen juckende und nicht selten aufgrund des ständigen Kratzens infizierte Bissstellen. Die Hitze zerstört die Proteine des Toxins, und das Problem ist beseitigt.

Was nun jedoch den Vorfall mit dem Unterwassergift und meinem Felsen betraf, so wusste ich absolut nicht, was es ausgelöst hatte. Wenn man diese Steine in die Sonne und außerhalb des Wassers legt, fallen Lebewesen heraus, die man gar nicht gesehen haben will. Andere wiederum sind zum Anbeten. Gestern war sogar ein Baby-

Oktopus dabei, fast nicht sichtbar und kleiner als ein Fingernagel. Ich achte natürlich immer darauf zu retten, was ich retten kann, und befördere die Tiere, die ich unbarmherzig aus ihrem Lebensraum gerissen habe, ins Wasser zurück. Der Baby-Oktopus war neu für mich, fast außerirdisch.

Es war nicht einfach, ihn unverletzt wieder in das Wasser zu bekommen, da er sich in der prallen Tropensonne auf meinem Holzdeck festgesaugt hatte und mit Sicherheit innerhalb von Minuten gestorben wäre. Mit Meerwasser und einem Stück Karton schaffte ich es, dieses kleine süße Geschöpf vorsichtig zu lösen, um es dann wieder dem Ozean zu übergeben. Wenn man diese Steine aus dem Wasser hebt, fallen auch oft kleine Schnecken heraus. Gestern war sogar ein aus einem Horrorfilm entsprungener fünf Zentimeter großer borstenartiger Wurm dabei, mit Klauen und einem Stachel.

Was mich also an den Fingern erwischt hatte, war mir vorerst unklar. Zu viele Möglichkeiten sind in diesen Mikro-Lebensräumen versteckt. Trotz der Schwellungen war es mir daher vorerst egal, und ich ging davon aus, dass sich das Problem bald in Luft auflösen wird.

Vor dem Schlafengehen waren die Symptome allerdings immer noch nicht weniger geworden, eher mehr. Ich trug ein Antihistaminikum lokal auf die Finger auf, schluckte eine hohe Dosis Kortison und ein systemisch wirkendes Antiallergikum. Ich war sicher, der Spuk wäre über Nacht vorbei. Holla, die Waldfee! Als ich heute früh aufwachte, waren die Finger noch mehr geschwollen. Es war nun auch erkennbar, dass es sich nicht um einen Biss, sondern um ein flächiges Nessel-Geschehen handelte. Über Nacht hatten sich bereits Einblutungen unter der Haut ergeben.

Nachdem allerdings gerade eine Kaltfront heranzieht,

wollte ich ungern mein Boot einem Schleudertrauma aussetzen, um auf dem Festland einen Arzt zu konsultieren. Das Problem müsste mit Logik zu lösen sein. Idealerweise sollte ich auch noch die passenden Mittel auf der Insel haben, um einer weiteren Verschlechterung gegenzusteuern. Der Juckreiz wurde von den Medikamenten kaum reduziert, also musste der therapeutische Ansatz woanders liegen. Wie so oft, dem Internet sei Dank, fand ich die Lösung im Netz. Nachdem ich eine Seite zu Unterwassergiften gefunden hatte, konnte ich aufgrund meiner Symptome und des Aussehens der betroffenen Stellen die Diagnose „Nesselgift" erstellen. Was auch bedeutete, dass ich nichts gemacht hatte, was ich hätte machen sollen.

Vorsichtiges Abschaben der Nesselkapseln wäre das Dringendste gewesen. Nachdem ich das im wahrsten Sinne des Wortes verschlafen habe, waren die Nesselkapseln weiterhin in der Haut. Mit den lokalen Cremchen hatte ich die Kapseln nur dazu gebracht, weiter aufzuspringen und noch mehr Gift abzusondern. Als Therapie für Nesselgifte wäre auch Hitze genau das Falsche gewesen. Zumindest das habe ich nicht auch noch falsch gemacht. Mit einem Messer vorsichtig die Hautoberfläche abschaben, um möglichst alle Nesselkapseln abzutragen und dann mit Essig oder Isopropyl-Alkohol benetzen, um das Nesselgift zu deaktivieren, stand in der Anleitung. Isopropyl-Alkohol auf einer einsamen Insel, eh klar, hat jeder zu Hause, oder?

Aber man sollte es nicht glauben, irgendeiner meiner schlauen Gäste hatte einmal tatsächlich Isopropyl-Alkohol mitgenommen und hier gelassen. Halleluja! Das Zeug wirkte sofort! Die Schwellung ging, obwohl das auslösende Ereignis jetzt schon fast 24 Stunden zurücklag, sofort zurück, und auch der Juckreiz wurde deutlich weniger.

Inzwischen kann ich meinen Zeigefinger wieder abbiegen und somit auch diesen Tagebucheintrag schreiben. Wie bisher auch – wieder einmal Schwein gehabt. Mit jedem dieser Ereignisse lerne ich dazu, wobei ich dadurch aber auch vorsichtiger und umsichtiger werde.
All das habe ich in mein Tagebuch eingetragen. Dann wurde es Abend, und mein Paradies verwandelte sich innerhalb weniger Augenblicke in eine Hölle. Nichts sollte mehr so sein, wie es vorher war.

Der Überfall

Der Abend begann wie immer. Ich spielte noch mit Mali und bereitete ihr „Hamnamnam", mein Name für ihr Futter, zu. Dann zogen wir uns vor dem Einbruch der Dunkelheit in das Haus zurück. Ein anderes Wort, das mein Hundemädchen versteht, ist „Uijuijui", die Bezeichnung für Gewitter, Donner und Silvesterböller. Mali war an sich eine unerschrockene Kämpferin, aber knallende Geräusche jagten ihr höllische Angst ein. Beim ersten gemeinsamen Silvestertag am Festland lief sie mir schon am Nachmittag davon, als Kinder die sogenannten „Firecracker" explodieren ließen. Mali fand ich damals erst einen Tag später wieder, völlig verängstigt, einen Kilometer entfernt unter dem Haus einer US-amerikanischen Auswanderin, die auf meine Vermisstenmeldung reagiert hatte. Und bei Donnergeräuschen verfiel Mali nahezu in eine kollabierende Angststarre.

Am Abend des 19. Februar 2021 zog eine massive Kaltfront heran. Diese war üblicherweise von starken Sturmböen begleitet. Ich versuchte, alles halbwegs sturmfest zu machen. Tagsüber war es noch sonnig und das Meer sehr ruhig. Einige Boote fuhren knapp an meinem Grundstück vorbei, wobei eines davon etwas auffällig aussah. Den Bootskapitän und das Boot kannte ich nicht. Gegen Abend wurden die Wellen höher, und der Sturm über dem Meer wurde stärker. Ich erwartete heftigen Regen. Die Wellen waren inzwischen so hoch, dass nicht mehr mit fremden

Booten zu rechnen war.

Was mich insofern entspannte, weil ich mir gewiss war, wirklich völlig allein zu sein, und der Bootsverkehr erst wieder nach ein paar Tagen zunehmen würde, wenn sich das Wetter beruhigt hat. Seit dem merkwürdigen Einbruch auf mein Boot war ich noch immer etwas skeptisch, ob ich vor ungebetenen Besuchern ausreichend geschützt war. Eine Kaltfront sollte eigentlich die beste Abwehr gegen Landplagen sein.

Um 18 Uhr waren meine Vorbereitungen auf die Kaltfront abgeschlossen. Mali und ich zogen uns in das Schlafzimmer zurück. Während Mali genüsslich an ihrem Freilandhof-Rindfleisch-Futtertopf herumschlabberte, genehmigte ich mir meinen alltäglichen Fisch-Nudeleintopf. Die Sicherheitskameras schaltete ich nicht ein, da es aufgrund des heftigen Sturmes und der sich bewegenden Bäume ständig zu Fehlalarmen kommen würde. Außerdem war es für mich ausgeschlossen, dass sich jemand bei diesem Wetter auf das Meer wagen würde. Das dachte ich jedenfalls.

Gegen 18:30 Uhr wurde Mali etwas unrund. Anders als andere Hunde wollte sie nach dem Fressen nicht ins Freie, um ihr Geschäft zu erledigen, sondern kuschelte sich normalerweise vollgefressen in ihre Ecke. Ich selbst schlief wegen der Tropentemperaturen üblicherweise nackt, denn auch die dünnste Kleidung verlangte nach einer unnötig kühler gestellten Klimaanlage. Ich lag bereits ohne jegliche Bekleidung im Bett, als Mali nervös wurde.

Aufgrund der Wetterbedingungen dachte ich nicht eine Sekunde an eine mögliche Gefahr. Mein einziger Gedanke war: „Oh, doch ein normaler Hund, der mal Gassi gehen muss.“ Nachdem ich mir als Solist auf einer Insel, noch dazu bei Dunkelheit, auch keine Sorgen über Nacktheit machte, war es völlig normal, Mali unbekleidet nach draußen zu bringen. Meine Terrasse lag in ungefähr drei Metern Höhe, und es gab nur eine Treppe, die nach unten führte. Rechts von der Treppe befand sich die Hausmauer, wo ich eine Solarlampe montiert hatte, die auf Bewegungen reagierte.

Als wir die Stufen hinabgingen, leuchtete mir diese Lampe den Weg, gleichzeitig blendete sie mich aber auch. Aufgrund der Gezeiten und auch wegen möglicher Überschwemmungen werden die Häuser auf Inseln immer auf Pfosten gebaut. Der Bereich unter dem Haus ist meistens frei. Daher konnte ich zwar die Stufen sehen und alles was links von mir auf freiem Gelände war, aber durch die Blendung sah ich nicht, was unter dem Haus vor sich ging.

Noch nie im letzten Jahr hatte ich mir diesbezüglich Gedanken gemacht. Fast jeden Abend spazierte ich unten im Stockdunkeln herum, um Mali hinaufzuholen, wenn sie das Schlafengehen wieder einmal auf das Äußerste hinauszögerte. Tagsüber war Mali immer im Freien, nur nachts kam sie – mit viel gutem Zureden – herein. Und da ich bei einem heranziehenden Unwetter auch keine Lust hatte, sie im Regen zu suchen, begleitete ich sie diesmal mit hinunter. Ich wollte vermeiden, dass nach dem Erledigen ihres Geschäfts das übliche Versteckspiel beginnt.

Ich hatte ihre Unruhe jedoch völlig falsch eingeschätzt. Ihre Nase oder ihr Gehör hatten etwas gewittert. Ich konnte es nicht richtig deuten, obwohl eindeutig Gefahr in der Luft lag, und die Situation für jeden anderen gruselig gewesen wäre. Für mich war es ein normaler Abend in Dunkelheit mit einem untypisch nervösen Hund. Mali war direkt vor mir, als ich den letzten Schritt von den Stufen auf den sandigen Boden setzte. Im selben Moment, als meine Füße den Boden berührten, begann Mali aufgeregt in Richtung der völligen Dunkelheit unter dem Haus zu bellen. Damit wurde sie zu meiner Lebensretterin. Meine Augen benötigten eine Sekunde, um sich nach der Blendung durch die Lampe an die Dunkelheit unter dem Haus zu gewöhnen.

Keinen Meter entfernt vor mir standen mehrere Personen. Ein Mann richtete sein Gewehr auf meinen Kopf. Die anderen Personen hielten ebenfalls Waffen in ihren Händen. Ich sah eine Machete, und es schien so, als ob eine der dunklen Gestalten eine Pistole ziehen wollte. Der Mann mit dem Gewehr machte mit dem rechten Fuß einen Schritt zurück. Ohne mich zu diesem Zeitpunkt mit Waffen auszukennen, fühlte ich, wie er gleich den Abzug betätigen und mich töten würde. Da war es. Das Ende, von dem man nie weiß, wann es einen erwischt.

In meinen bisherigen Überlegungen waren Unfälle verschiedener Art eingeplant. Ertrinken war eine realistische Möglichkeit, oder aufgrund eines Benzintank-Funkenschlages auf meinem explodierenden Boot zu sterben, von einer Kokosnuss erschlagen zu werden, vom Blitz getroffen zu werden oder aufgrund eines Herzinfarkts im Wasser unterzugehen und von Haien gefressen zu werden. Auf meiner Insel erschossen zu werden, noch dazu nackt, das war keine meiner Abtretungs-Varianten.

All diese unzähligen Gedanken fuhren mir wie ein Blitz durch den Kopf, als ich in den Lauf des Gewehres sah. Ich hatte weniger als eine Sekunde vom Erkennen meines bevorstehenden Todes bis zum Abzug des Triggers. Aber Mali war schneller als Lucky Luke. Sie sprang den Schützen mit lautem Bellen an. Dieser senkte seine Waffe, um auf Mali zu schießen. Mir war völlig klar, ihr nicht helfen zu können, denn wie sollte ich allein, nackt und völlig unbewaffnet, drei bis vier bewaffnete Männer überwältigen.

Ich wusste auch nicht, wie viele Angreifer noch auf meinem Grundstück verteilt waren. Die kleine Person neben mir senkte die Waffe und richtete sie auf meine kleine Mali, während die anderen mit dem Messer und der Machete ausholten und offensichtlich aus mir Chop Suey machen wollten. Die heroische Ablenkung durch Mali war der alles entscheidende Moment. Ohne nachzudenken, rein instinktiv, nützte ich diesen Augenblick und sprintete die Stufen hinauf. Bereits nach drei Sprüngen fiel der erste Schuss. Ich spürte keinen Treffer in meinem Rücken. Ich war mir sicher, meine Mali, meine Beschützerin, mein Ein und Alles, war nun tot. Ich hörte von ihr kein Winseln, kein Bellen, einfach nichts.

Die Verbrecher hatten meinen Hund wohl mit dem ersten Schuss getötet. Als ich die letzte Stufe meiner Terrasse erreichte, fiel der nächste Schuss. Wieder spürte ich keinen Treffer. Ich bog um die Ecke, riss meine Eingangstüre auf und, noch während ich den kleinen Knopf am Schloss von der Innenseite meines Hauses umdrehte, versuchte bereits einer der Angreifer die Türe zu öffnen. Dann knallte es erneut, und ich trat einen Schritt zurück. In der Dunkelheit war zu sehen, wie ein Gewehrlauf durch eines der Fenster auf mich gerichtet war. Noch bevor ich mich bewegen konnte, drückte dieser eiskalte Verbrecher ab. Ich sah seine Augen. Nie wieder werde ich diesen Blick, der direkt aus der Hölle kam, vergessen. Wie gesagt, ich hatte zu diesem Zeitpunkt keine Erfahrung mit Waffen. Was mich jedoch überraschte – ich hatte erneut mit dem Leben abgeschlossen –, waren die vielen kleinen Explosionen auf meiner nur fünf Millimeter dünnen Fensterscheibe. Der erste Schuss ging nicht komplett durch das Fenster, und ich hatte Zeit gewonnen.

Mein Schlafzimmer wäre genau hinter mir gelegen.

Nachdem das aber auch direkt in der Schussrichtung des Angreifers lag, lief ich quer durch meine kleine Wohnzimmer-Küche und versteckte mich im Badezimmer. Verstecken ist der falsche Ausdruck, da meine Angreifer natürlich genau sahen, wohin ich lief. Aber ich hatte zumindest eine weitere Wand und Türe zwischen mir und den Eindringlingen.

Erneut fielen Schüsse. Die Kugeln schlugen wenige Zentimeter von meinem Kopf entfernt durch die Wand, hinter der ich mich versteckte. Die Wände eines Inselhauses sind nicht aus Beton. Das gesamte Haus war aus Pinienholz gebaut. Die Innenwände bestanden aus einem Material namens „Sheetrock", im deutschsprachigen Raum wohl am ehesten als Rigips-Wand bezeichnet. Im Badezimmer verwendete ich Plycem, Betonplatten gemischt mit Styroporkugeln, um das Gewicht zu reduzieren.

Die Kugeln durchschlugen – nur wenige Zentimeter von meinem Kopf – eine Lage Sheetrock und eine Lage Plycem. Die Schüsse aus der Pumpgun zerfetzten die Wand, als wäre sie aus Papier. Es fielen weitere Schüsse, und mir wurde klar, dass ich das Badezimmer verlassen musste, wenn ich eine Überlebenschance haben wollte. Zu diesem Zeitpunkt waren die Verbrecher noch nicht in meinem Haus, sondern weiterhin auf der Terrasse.

Die Angreifer brüllten in kreolischem Dialekt, dass ich herauskommen solle. Ich schrie zurück, dass ich mich von ihnen nicht umbringen lasse. Gleichzeitig versuchte ich immer wieder zu erklären, dass sie sich alles nehmen könnten, aber nicht schießen sollten. Niemand müsste verletzt werden, sie könnten alles haben. Als Antwort auf diese Bitte feuerten sie jedes Mal einen weiteren Schuss ab und forderten mich auf, herauszukommen. Wenn man jemanden aus seiner Deckung herausbekommen will, dann ist es keine gute Strategie, permanent auf ihn zu schießen. Ich hatte es entweder mit den dümmsten Verbrechern zu tun, die Belize zu bieten hatte, oder sie waren auf Kokain oder anderen aufputschenden Drogen. Ich glaube, beides traf zu. Und die Kombination daraus war keine gute Voraussetzung, diesen Angriff überleben zu können.

Plötzlich wurde es ruhig. Ich hatte den Verdacht, dass sie ihre Waffen nachladen mussten. Ohne viel nachzudenken und ohne zu wissen, ob die Angreifer bereits in meinem Wohnzimmer waren, griff ich nach einer meiner Harpunen. Diese hatte ich stets im Badezimmer, um sie nach dem Speerfischen vom Salzwasser abzuspülen. Ich musste in mein Schlafzimmer gelangen, denn dort hatte ich mein Telefon, um nach Hilfe zu rufen. Oder zumindest Bescheid zu geben, dass ich gleich sterben werde. Ich wollte nicht als „John Doe" enden, wie so viele andere in Belize. Als John Doe werden unidentifizierte Leichen bezeichnet. Im Fall von Belize meist irgendwo angeschwemmt, enthauptet oder bis zur Unkenntlichkeit verstümmelt. Ich würde wohl im Schlamm der Lagune versenkt werden und mein Skelett erst in hundert Jahren von einem Schatzsucher entdeckt werden. Das waren meine Gedanken und so ein unwürdiges Ende wollte ich unter allen Umständen vermeiden. So spannte ich die Gummis meiner stärksten Harpune, öffnete mit einem Ruck die Türe und war bereit, mit diesem einzigen Schuss zumindest einen Angreifer schwer zu verletzen. Eventuell könnte ich ihm auch das Gewehr entreißen, falls er bereits im Wohnzimmer war. Meine Chancen waren nahe null, denn wie sollte ich drei Angreifer überwältigen. Aber ich musste aus dem Badezimmer fliehen und mein Schlafzimmer erreichen.

Als ich die Badezimmertüre öffnete, rechnete ich damit,

spätestens jetzt von Schüssen getroffen zu werden. Aber die Angreifer waren noch immer auf meiner Terrasse. Da ich mich selbst im Dunkeln befand, zielte ich mit der Harpune auf den Schützen in der Hoffnung, ihn zu irritieren und möglicherweise glauben zu lassen, ebenfalls ein Gewehr zu haben. Die Angreifer hinter den Fenstern hatten gerade das Gewehr gesenkt. Meine Vermutung traf somit zu und mein Bluff funktionierte. Die Reichweite meiner Sicherheitsleine hätte den Speer lange vor Erreichen des Ziels gestoppt.

Die Irritation verschaffte mir jedoch die notwendigen Sekunden, um in mein Schlafzimmer zu gelangen. Sofort sprang einer der Angreifer durch eines der zerschossenen Fenster. Ich konnte gerade noch im Schlafzimmer die Türe von innen versperren, aber bevor ich von der Türe wegtreten konnte, fiel erneut ein Schuss. Diesmal wurde ich getroffen. Aus nächster Nähe. In diesem Moment hatte ich keine Hoffnung mehr, den Überfall zu überleben.

Der Schütze ballerte das Schloss samt Drehknopf aus der Türe. Was an Schrotkugeln nicht im Türschloss steckte, erwischte meinen rechten Gesäßmuskel und meinen Hüftbereich. Die Wucht des Pumpgun-Treffers schleuderte mich zu Boden. Innerhalb von Sekunden lag ich in meiner Blutlache. Für mich war klar, das war es jetzt. Es war vorbei. Drei bis vier Angreifer, völlig allein auf der Insel, und niemand würde mir zu Hilfe kommen können. Es war nur eine Frage der Zeit, bis diese Irren die Türe aufbrechen und mir mit ihren Macheten und Messern die Kehle aufschlitzen würden.

Diese Gedanken jedoch gaben mir die Kraft, alles, was mir zur Verfügung stand, einzusetzen, um die Angreifer nicht in mein Schlafzimmer zu lassen. Ich wollte lieber schnell verbluten, als die Kehle aufgeschlitzt oder den

Kopf eingeschlagen zu bekommen. Trotz der Schmerzen schaffte ich es, mit einem beherzten Ruck die große Queen-Size-Matratze vom Bett in die Höhe zu katapultieren. Ich presste sie, so fest ich konnte, gegen die Türe. Die Türe ging nach innen auf, somit könnte ich mit etwas Glück das Öffnen der Türe verhindern. Während ich mich mit meinen 100 Kilogramm gegen die Matratze stemmte, rief ich meinen Angreifern erneut zu, dass sie alles haben könnten. Ich machte sie auf die beiden Bilder meiner Kinder aufmerksam, die neben ihnen an der Wand hingen und fragte, ob sie diesen Kindern wirklich ihren Vater rauben wollten. Die Antwort darauf war ein weiterer Schuss, der mich trotz Matratze traf. Die Matratze war offenbar nicht Schutz genug und, obwohl ich immer mehr Blut verlor, stemmte ich jetzt auch das Grundgestell des Bettes in die Höhe und verwendete es als weitere Barriere zur Matratze.

Erneut fiel ein Schuss, diesmal kullerten die Schrotkugeln allerdings nur noch von meinem Körper zu Boden, ohne in mich einzudringen. Ich begann meine beiden Barrieren hin- und herzuschieben, denn der Angreifer schoss stets durch das gleiche Loch in der Türe, und die Matratze hatte nach dem zweiten oder dritten Schuss bereits ein größeres Loch. Dann versuchten die Verbrecher, die Türe aus den Aufhängungen zu treten. Erneut mobilisierte ich all meine Kraft, denn jeder Millimeter, den sich die Türe bei den Fußtritten bewegt hätte, hätte die Schrauben der Aufhängungen oder das Türschloss brechen können. So ging das ein paar Mal hin und her. Schüsse auf mich, Geschrei, Fußtritte gegen die Türe, Gebrüll, Schüsse, Fußtritte gegen die Türe. Ich gab jedoch nicht auf. Ich ließ die Wahnsinnigen nicht an mich heran.

Dann endlich eine Forderung: „Geld! Wir wollen Deine Brieftasche! Komm heraus!" Ich erwiderte, bereits am Verbluten zu sein und sicher nicht hinauszukommen, dass ich aber all mein Geld unter der Türe durchschieben werde. Ich griff mit der rechten Hand nach meinem Rucksack und zog sämtliches Bargeld aus der Brieftasche. 700 Belize-Dollar, also umgerechnet 300 Euro. Dieses Geld hatte ich nur, weil ich darauf vorbereitet war, die Jahresversicherung für meinen alten Pick-Up-Truck zu zahlen. Nachdem ich seit einem Jahr kaum Einkommen hatte, war auch dieses Geld nur von meinen Freunden in Europa geborgt.

Ich schob das Bargeld durch einen kleinen Spalt zwischen Matratze und Türe und rief den Angreifern zu, sie hätten nun all mein Geld. Allerdings waren die Räuber wohl selbst im Dunkeln. Sie schrien etwas auf Kreolisch oder Garifuna, was ich nicht sofort verstand. Es klang wie „we de", also eine Art Dialekt für „where is it". Dieses „we de" wiederholten sie dutzende Male, und ich antwortete stets auf Englisch mit „unter der Türe". Mir wurde immer klarer, dass ich es nicht mit den hellsten Sternen des Nachthimmels zu tun hatte. Sie waren zu blöd, das Geld zu finden. Währenddessen versuchte ich, um Hilfe zu rufen. Mein Handy-Empfang auf der Insel war mit meinem Telefon-Anbieter eingeschränkt und eine klare Kommunikation kaum möglich. Außerdem wollte ich nicht, dass die Räuber meine Stimme hören. Ich setzte einen schriftlichen Hilferuf nach dem anderen auf meinem Facebook-Profil ab. Um 18:49 Uhr schrieb ich: „Help I get shot." Im Minutentakt dann „Help", „I´m shot", „Help". Meine zittrigen Hände konnten kaum tippen. Als ich „Police" tippen wollte, schaffte ich nur „Pilice". „Küstenwache" bekam ich einfach nicht hin.

Es war ersichtlich, dass meine Hilferufe gelesen und ernst genommen wurden. Ich erhielt etliche Anrufe, auf die ich jedoch nicht reagieren wollte, da ich meinen Angreifern keinen Grund geben wollte, ihr letztes bisschen Grips aufzugeben. Währenddessen hatten die Flachbirnen dann offensichtlich mein Geld gefunden. Es folgte so etwas wie eine erlösende Forderung: „Boat keys! We want your boat keys!“ Sie wollten die Schlüssel zu meinem Boot. Es ging also um mein Boot, beziehungsweise um meinen Bootsmotor.

Es war mir völlig unklar, warum man so eine Gewalt anwenden musste, wenn man ein Boot stehlen wollte. Warum nicht einfach abschleppen, so wie es mit den Dutzenden anderen Booten in den letzten Monaten geschehen ist? Darüber schlüssig nachzudenken, war nicht angebracht, denn auf der anderen Seite der Türe war offensichtlich nicht besonders viel Verstand vorhanden. Ich dachte nur, wenn sie meine Bootsschlüssel bekommen, hätte ich vielleicht die Chance, dass sie abhauen. Immerhin dauerte der Überfall bereits über eine halbe Stunde. Auch wenn nur wenige Menschen in der Nähe auf den anderen Inseln leben, irgendjemand musste die Schüsse doch gehört haben. Mit etwas Glück war aufgrund meiner digitalen Hilferufe in Placencia bereits eine Rettungsaktion gestartet worden.

Die Bootsschlüssel waren ein Licht am Horizont, dem Unheil lebend zu entkommen. Es war jedoch unmöglich, den Schlüssel samt Sicherungshaken und Sicherungsleine unter der Türe durchzuschieben. Der Schlitz reichte einfach nicht aus. Bei Booten ist es üblich, nicht nur einen Schlüssel zu benutzen, sondern auch einen leicht lösbaren Sicherheitsriegel neben dem Schloss anzuklipsen. Nur wenn man diesen Sicherheitsmechanismus entriegelt, kann der Motor gestartet werden. Dies dient zum eigenen Schutz, falls man über Bord geht, denn der Sicherheitsriegel wird über eine Sicherungsleine am Körper befestigt. Geht man über Bord, zieht man automatisch den Sicherheitsriegel ab, und der Motor stoppt umgehend.

Beides, Schlüssel und Riegel, unter der Türe durchzuschieben, war unmöglich. In meinem Schlafzimmer gab es jedoch ein Fenster. Von diesem Fenster könnte ich den Bootsschlüssel nach unten ins Freie werfen. Da es aber stockdunkel war, wollte ich den Bootsschlüssel nicht irgendwo in den Mangroven versenken und somit meine Chance auf einen Abzug der Räuber zunichtemachen. Daher rief ich den Einbrechern zu, dass ich den Schlüssel aus dem Fenster werfen werde. Wieder antworteten sie mit „we de", und ich erklärte weitere fünf Minuten, bis sie verstanden, wo mein Fenster war. Selbst zu meinen schlimmsten depressiven Zeiten in Österreich, unter Benzodiazepin-Einfluss gemischt mit Alkohol und Drogen, wäre ich nicht so unfassbar blöd gewesen wie diese Gestalten. Sie kapierten die Anweisung nicht. Andererseits war das meine Chance zu überleben, denn mit etwas Grips hätten sie mein Schlafzimmer-Schloss mehr oder weniger mit dem Fingernagel öffnen können. Da es sich um kein Sicherheitsschloss, sondern um eine einfache Verriegelung handelte, die in Belize üblich war und jeder kannte, hätte es so einfach für sie sein können. Was für ein Glück für mich.

Ich konnte hören, wie einer der Typen die Stiegen hinunterging. Er war unglaublich aggressiv gegenüber meinen Solarlampen und fluchte etwas auf Kreolisch. Zuerst schmetterte er eine Lampe von der Wand, die dann hörbar die Stiegen hinunterpurzelte, dann schlug er die Lampe unter meinem Schlafzimmerfenster zu Boden. Immer so, dass ich ihn nicht sehen konnte. Er war der Einzige, der ambitioniert versuchte, unerkannt zu bleiben. Allerdings war dieser Möchtegern-Pirat auch nicht mit Intelligenz beschenkt, denn nun lagen die Lampen so, dass ich ihn gut sehen konnte.

Als er unter meinem Schlafzimmerfenster seinen Kopf herausstreckte, um zu sehen, wo ich den Schlüssel hinwerfe, war er aufgrund seiner Aktion wundervoll beleuchtet. Es war der große Typ von den drei Angreifern. Die anderen beiden waren deutlich kleiner, aber dieser Mann hatte meine Größe oder war sogar etwas größer. Er hatte leicht gewellte und schulterlange Haare – keinen Afro-Look und keine Rasterlocken. Und er hatte eine muskulöse Statur. Die markante Muskelmasse der Schultern war in dem Solarlicht deutlich zu erkennen. Er war zumindest keiner der Menschen, mit denen ich die letzten vier Jahre zu tun gehabt hatte. Ganz unbekannt erschien er mir aber auch nicht.

Ich hatte jedoch ganz andere Gedanken, als mir Sorgen darüber zu machen, ob ich jemanden erkenne. Alles war voll Blut, und mein Körper brannte fürchterlich von den Schusswunden. An eine mögliche spätere Identifizierung dachte ich in keiner Sekunde. Ich war mir sicher, dass ich das alles nicht überleben werde. Aufgrund der Paniksituation dachte ich auch nicht daran, die Sicherheitskameras einzuschalten, was ich von meinem Handy aus ganz einfach hätte machen können. Alles, woran ich denken konnte, war, diese Typen vom Hals zu bekommen. Der lange muskulöse Räuber fing zum Glück meinen Schlüssel.

Nachdem die Banditen nun den Schlüssel hatten, könnten sie einfach mit meinem Boot wegfahren. Also pokerte ich erneut und rief ihnen zu, dass die Küstenwache bereits verständigt und auf dem Weg sei. Dies war ein gefährlicher Poker. Aber ohne Druck würden sie eventuell nie abziehen und andere Wege versuchen, zu mir vorzudringen.

Unter meinem Haus lagen ungesichert lange Leitern. Es wäre ein Leichtes gewesen, zu meinem Schlafzimmerfenster hochzusteigen und mich von dort zu erschießen. Matratzen hatte ich keine mehr, um die gegenüberliegende Seite der Türe abzusichern. Eventuell hatten sie aber auch Angst vor meiner Harpune. Ich werde es nie erfahren.

Plötzlich hörte ich merkwürdige Trippelschritte und Bewegungen vor meiner Türe und – siehe da – auf einmal die nervöse Nachfrage, ob ich die Polizei gerufen habe. Ich versuchte, keinen Mucks von mir zu geben und sie denken zu lassen, ich wäre vielleicht bereits tot. Nach ungefähr zehn Minuten hörte ich, wie mein Bootsmotor gestartet wurde. Diese Idioten bekamen es allerdings nicht sofort hin. Zuerst hatten sie den Sicherheitszapfen nicht entsichert und dann den Motor nicht von der Trockenstellung, wo der gesamte Motor aus dem Wasser angehoben ist, in die Fahrtposition abgesenkt. Gleichzeitig wusste ich nicht, ob alle Angreifer an Bord waren oder ob eventuell jemand in meinem Haus geblieben war, um den Job zu beenden. Denn irgendwie haben sie ja meine Insel erreichen müssen, und ich hörte auch keinen zweiten Motor. Ich begann dennoch kurze Updates über Facebook zu geben. So schrieb ich, Mali sei tot, denn es war für mich unvorstellbar, wie sie den Schuss aus nächster Nähe überleben hätte können, nachdem ich selbst durch die dicke Türe so schwer verletzt worden war.

Ich fragte erneut über Facebook nach, ob jemand auf dem Weg sei und informierte meine Kontakte, dass ich viel Blut verloren habe. Auch ließ ich die Leser und Helfer wissen, dass die Räuber mein Boot gestohlen hatten und warnte vor deren Gefährlichkeit. Zu dem Zeitpunkt erreichten mich so viele Nachrichten, dass es unmöglich war zu verstehen, ob und wer zu Hilfe kommt. Über Whats-

App verständigte ich dann noch den einzigen Polizisten, von dem ich eine Nummer hatte. Er war für mein Einwanderungs-Interview verantwortlich und bekämpfte sonst das organisierte Verbrechen. Nach und nach erhielt ich dann brauchbare Nachrichten, wie die Polizei versuchte, ein Boot zu organisieren und zu mir zu kommen. Ich hatte weiterhin das Gefühl zu verbluten und keine Ahnung, ob mir wirklich jemand bei diesen fürchterlichen Wetterbedingungen zu Hilfe kommen könnte.

Wenn man meint, zu sterben und nicht weiß, ob einem Sekunden oder Minuten bleiben, geschehen interessante Dinge im Kopf. Eines meiner Hauptanliegen war, mich von der Mutter meiner Kinder und natürlich von meinen Kindern selbst zu verabschieden. Um 19 Uhr schrieb ich Lea, was gerade passiert war. In so einer Extremsituation existieren nur noch unverfälschte Emotionen. So wie die Sonne in richtigem Abstand einen Brennpunkt unter einer Lupe entstehen lässt. Ich musste Lea unbedingt wissen lassen, wie lieb ich sie noch immer hatte.

Zu diesem Zeitpunkt war es in Österreich zwei Uhr in der Früh und für mich nicht vorstellbar, wie Lea um diese Uhrzeit noch wach sein könnte. Aber sie war es und antwortete mir. Wie ein Segen aus dem Himmel konnte ich dadurch mit ihr und meinen Söhnen einen Videochat eröffnen. Ich war so unendlich stolz auf die beiden. Wie sie ihr schwieriges Aufwachsen gemeistert hatten, und was für einzigartige Menschen sie sind. Ich war unbeschreiblich glücklich, ihnen noch persönlich sagen zu können, wie sehr ich sie liebe. Ab 19:08 Uhr waren wir dann auch schriftlich in ständigem Kontakt, und meine beiden Jungs gaben mir die Kraft, wach zu bleiben. Um 20:14 Uhr konnte ich ihnen Bescheid geben, dass das Polizeiboot angekommen war.

Als das Boot die Lagune erreichte, leuchteten mir die Polizisten mit Scheinwerfern in mein Schlafzimmer. Jetzt war mir klar, dass tatsächlich Rettung da war, und ich aus der Situation eventuell doch lebend herauskommen sollte. Zuerst winkte ich aus der Distanz durch mein Schlafzimmerfenster. Als die Polizisten mit Maschinengewehren bewaffnet das Boot verließen, rief ich ihnen zu, damit sie nicht das Feuer auf mich eröffneten. Meine Eingangstüre war von den Räubern offensichtlich von innen entsperrt worden. Die Polizisten konnten ohne Gewalteinwirkung durch die Eingangstüre eintreten.

Auch in diesen Sekunden bangte ich noch, dass nun gleich wieder Schüsse fallen würden, falls sich doch noch einer der Verbrecher versteckt hielt. Meine Schlafzimmertüre war trotz des herausgeschossenen Schlosses nach wie vor nicht zu öffnen, denn das kleine Metallteil des Schlosses steckte noch immer im Türrahmen fest. Ein zwei Zentimeter großes Stück Metall und der Druck einer Matratze gegen die Tür hatten mir das Leben gerettet. Die Polizei bat mich, so weit wie möglich von der Türe wegzugehen. Es reichte ein ordentlicher Fußtritt, um die Türe zu öffnen. Unfassbar. Hätte ich nicht mein Gewicht samt Matratze die ganze Zeit gegen die Türe gestemmt, die Räuber wären nach einem Fußtritt in meinem Schlafzimmer gewesen.

Der Moment, als ein Polizist mit seinem Maschinengewehr in meinem Zimmer stand, war unbeschreiblich. Ich war in Sicherheit. Ich hatte überlebt. Keiner würde mehr auf mich schießen. Nach dem Polizisten durfte ich meinen wahren Lebensretter kennenlernen. Es war Christo, der zweite Broker meines Immobilienmaklers, über den ich bereits seit einem halben Jahr versuchte, meine Insel zu verkaufen. Christo ist nach Belize umgezogen, weil er in seinem Heimatstaat ebenfalls durch einen Überfall fast das Leben verloren hatte. Er hatte den Polizisten den Weg in meine Lagune gezeigt. Niemandem sonst war bekannt, wie man zu meinem Dock findet. Nur Christo kannte den Weg bei Tag und guten Wetterverhältnissen.

Nachdem ich noch immer nackt war, bat ich Christo, mir zu helfen, damit ich mir etwas anziehen konnte. Ich fragte ihn, wie sie es hier hinaus geschafft hatten bei diesen Wetterbedingungen, und er antwortete, er sei „nur" zweimal fast über Bord gegangen. Ein wahrer Held.

Plötzlich fiel ein Schuss. Die Polizisten hatten unterhalb des Hauses offensichtlich auf ein verdächtiges Geräusch reagiert. Ich dachte nur, oh Gott, nicht Mali erschießen, falls sie doch irgendwie überlebt hat. Aber dort war nichts. Nachdem ich merkte, humpelnd gehen zu können – das Blut lief unangenehm fühlbar mein Bein hinab – bat ich die Polizisten, noch kurz zu warten, um Mali zu suchen. Ich hoffte so sehr, sie nicht tot unter dem Haus liegend zu finden und, dass sie auf meine Rufe angelaufen käme. Die Polizisten gingen vor mir her und gaben mir sozusagen Feuerschutz, als ich im Finstern den langen Gehweg von meinem Haus zum Gästehaus humpelte. Christo stütze mich auf der einen Seite und ein Polizist auf der anderen. Alle paar Meter meinten sie, sie müssten mich mit diesen Schussverletzungen sofort zurück auf das Festland bringen. Ich verlor weiterhin viel Blut. Aber ich wollte Mali nicht zurücklassen, falls sie noch am Leben war. Sie hatte mir das Leben gerettet. Ich rief sie, aber sie kam nicht. In keinem ihrer üblichen Verstecke war sie aufzufinden, und mir wurde immer schwärzer vor den Augen.

Christo versuchte mich zu beruhigen, aber ich hatte das Bild meines verblutenden und verängstigenden Hundes irgendwo in den Mangroven vor mir. Nachdem sie nicht aufzufinden war und auch nicht auf meine Rufe reagierte, blieb mir nichts anderes übrig, als aufzugeben. Christo packte mir alle elektronischen Geräte in meinen Rucksack, ich steckte noch zwei Unterhosen dazu, und dann wurde ich auf das Boot gelegt. Kimberly, eine weitere Mitarbeiterin meines Immobilienmaklers, wartete dort auf mich und drückte während der gesamten Bootsfahrt ein Handtuch auf meine Wunden, um die Blutungen zu stillen. Es war eine extrem wilde Bootsfahrt. Aufgrund meiner vier Jahre Erfahrungen am Meer konnte ich mir gut vorstellen, wie die halbe Crew bei der Fahrt zur Insel – gegen die Wellen – mehrfach das Gefühl haben musste, über Bord zu gehen. Im Stockdunkeln und bei diesen Wetterbedingungen wagte man sich üblicherweise nicht auf das Meer.

Erst während der Rückfahrt setzte der Schock über das gerade Erlebte so richtig ein. Ich begann unkontrolliert zu weinen. Kimberly versuchte mich zu beruhigen. Es sei alles gut, und ich wäre nun in Sicherheit. Ungefähr so, wie wenn ich Mali bei einem Gewitter versuchte zu beruhigen. Und mein Hundemädchen ging mir keine Sekunde aus dem Kopf. Ich war mir sicher, dass sie tot war.

Die Notoperation

Unbekannte Augen blickten mich an. Auch Bekannte und Freunde konnte ich hinter den Corona-Masken erkennen. Es war, als wäre halb Placencia am Dock. Abgesehen vom Schock und vom Blutverlust war mir durch die Bootsfahrt eiskalt geworden. Ich zitterte am ganzen Körper.

Doktor Alexis hatte seinen Rettungswagen so nahe wie möglich an das Dock herangebracht. In Belize gibt es keinen Rettungsdienst. Man kann sich glücklich schätzen, wenn es einen privat finanzierten Rettungswagen samt medizinischem Personal in der Nähe gibt. Es ist auch nicht unüblich, Schwerverletzte nach Autounfällen auf der Ladefläche eines Pick-up-Trucks zu transportieren, um sie in das nächstgelegene Krankenhaus zu bringen. Doktor Alexis hatte bereits Bilder meiner Schussverletzungen erhalten. Im Rettungswagen untersuchte er meine Schusswunden und nahm eine Erstversorgung mit einem Druckverband vor.

Aufgrund der Verletzungen und Symptome konnte er nicht ausschließen, dass innere Organe getroffen worden waren, und empfahl mir eine Überstellung in ein Privatkrankenhaus in Belize City. Ich müsste operiert werden, und es bestünde ein gewisses Risiko, diese Operation in einem öffentlichen Krankenhaus nicht zu überstehen. Nur das Privatkrankenhaus verfügte über ein Computer-Tomographie-Gerät, weshalb der Chirurg nicht in meinem Körper herumstochern müsste, um die Kugeln zu finden.

Aufgrund der Einschusslöcher steckten mindestens zehn Kugeln in mir. Zudem könnte mit dem bildgebenden Gerät festgestellt werden, ob innere Organe verletzt sind, was in einem öffentlichen Krankenhaus nicht möglich war. Daher stimmte ich zu, mich nach Belize City zu überstellen. Wie ich das bezahlen sollte, war mir allerdings schleierhaft.

Selbst wenn ich bereits eingebürgert und versichert gewesen wäre, hätte eine Versicherung die Kosten eines Privatkrankenhauses nicht gedeckt. Dies war mir schon zuvor klar. Das Prinzip „Cash first" wurde auch im Rettungswagen deutlich. Bevor wir Richtung Belize City starten konnten, benötigte ich einen Geldautomaten, um Bargeld für die Kosten der Überstellung abzuheben. Hier half mir erneut Christo, der Broker meines Maklers. Ich gab ihm meine Bankomatkarte und meinen PIN-Code, und er hob das Geld für mich ab. Damit konnte ich einen Teil der Rettungsfahrt bezahlen, den anderen Teil deckte ich mit meiner Kreditkarte, die ebenfalls nahe an ihrem Limit war.

Ein wenig Bargeld wollte ich mir für das Krankenhaus aufheben, um zumindest eine kleine Summe auf den Tisch legen zu können. Es folgten drei Stunden holprige Autofahrt vom Süden des Landes in die alte Hauptstadt. Die Straßen in Belize sind gepflastert mit sogenannten „Speed bumps", also Bremsschwellen in der Höhe kleiner Berge. In Europa unvorstellbar, solche Barrieren alle 500 Meter in den Weg zu betonieren. Einige der europäischen Autos würden diese Hügel auch kaum überwinden können, ohne mit der Bodenplatte oder der Ölwanne aufzusitzen. Vom Krankenwagen aus hielt ich meine Familie auf dem neuesten Stand und über Facebook auch die vielen Helfer, die meine Rettungsaktion von Placencia aus koordiniert hatten. Mein älterer Sohn Yannick versuchte mich auch bereits zu beruhigen, mir keine Sorgen um die Kosten zu machen. Er würde das mit einer Umschichtung seiner Finanzen innerhalb weniger Tage decken können.

Um 1:30 Uhr morgens, sechseinhalb Stunden nachdem ich niedergeschossen worden war, wurde ich vom Rettungswagen in die Notaufnahme des Krankenhauses gerollt. Dies war ein einfacher Raum mit zwei Betten und einer Art Rezeptionspult. Andere Patienten gab es zu diesem Zeitpunkt keine in der Notaufnahme. Als Erstes erfolgte ein Covid-19-Schnelltest und eine Tetanus-Impfung. Dann kam eine Kassiererin mit einem ersten Kostenvoranschlag. Die schnell berechneten Kosten für die Notoperation, das Röntgen, die Computertomografie und das Zimmer für zumindest drei Tage sollten sich auf 4.000 Belize-Dollar belaufen. Umgerechnet 1.700 Euro. Das klang nach einem Schnäppchen. Ich war erleichtert. Die Hälfte davon konnte ich über das restliche abgehobene Bargeld und meine Kreditkarte decken. Und ich versicherte dem Krankenhaus, die fehlende Summe in den nächsten Tagen zahlen zu können. Da es sich um ein Wochenende handelte und die Transaktionen über Europa stattfinden würden, war es schneller nicht möglich. Für das Krankenhaus war das akzeptabel, und sie begannen mit ihren Vorbereitungen für die Operation.

In den nächsten Stunden erfuhr ich, dass 21 Schrotkugeln in meiner rechten Gesäßmuskulatur und in der Hüfte steckten. Keine davon hatte ein Organ getroffen. Trotzdem stand eine schwierige Operation bevor, da manche Kugeln nahe der Wirbelsäule lagen, andere wiederum neben Arterien und Hauptnerven. Die Operation war für 8 Uhr in der Früh vorgesehen. Gegen 7:30 Uhr bekam ich Besuch von Robyn McCutcheon. Sie lebte zur Hälfte in Placencia, wo sie neben der Leitung ihrer Firma für Hotelbedarf eine höchst ambitionierte und angesehene Karate-Trainerin für Kinder und Jugendliche war. Die andere Hälfte der Zeit verbrachte sie in Belize City. Die örtliche Nähe zum Krankenhaus war auch der Grund, warum sie von meinen Freunden in Placencia geschickt wurde, um nachzusehen, ob ich etwas benötige. Ich kannte Robyn nur flüchtig und konnte nicht einmal ihr Gesicht dem Namen zuordnen, obwohl wir seit Jahren über Facebook verlinkt waren. Robyn bot mir an, meine blutige Kleidung zu waschen, was ich dankend annahm. Zur selben Zeit erschien die Kassiererin des Krankenhauses nochmals und unterrichtete mich über eine Fehlkalkulation der zu erwartenden Kosten. Es wären aufgrund der aufwendigen Operation 16.000 Belize-Dollar an Kosten zu decken, und wenn ich das nicht vor der Operation zahlen kann, könnte ich nicht operiert werden. Ich müsste in ein öffentliches Krankenhaus überstellt werden. Selbst nach all den Jahren in Belize war dies für mich ein Schock.

Robyn kontaktierte sofort Doktor Alexis, der erneut vehement davon abriet, mich in ein öffentliches Krankenhaus zu überstellen. Doch für mich gab es keine technische Möglichkeit, so viel Geld innerhalb weniger Minuten auf den Tisch zu legen. Selbst wenn die Summe von Freunden oder meiner Familie in Europa in der Sekunde verfügbar gewesen wäre, es hätte aufgrund des Wochenendes mindestens vier Tage gedauert, bis ich die Summe auf meine Visa-Karte transferieren hätte können. Robyn war ebenfalls schockiert. Sie stand auf und sagte: „Gib mir fünfzehn Minuten, ich hole einen Scheck und bezahle das. Du musst umgehend operiert werden." Ich konnte das nicht ohne Weiteres annehmen und telefonierte sofort mit Europa. Sowohl Yannick wie auch andere enge Freunden meinten, sie würden den Betrag umgehend an Robyn zurücküberweisen.

Mir war das alles peinlich. Mein Schnorrer-Dasein im Pandemiejahr hatte ein neues Niveau erreicht. Ich fühlte mich furchtbar. Gleichzeitig war ich natürlich dankbar, dass Robyn anbot, die Kosten vorab zu bezahlen. Ich hätte niemanden gekannt, der dies in Belize City so umgehend hätte lösen können. „Vom Himmel gesandt" ist hier wohl der richtige Ausdruck. Robyn war kurze Zeit später wieder da und deckte den kompletten Kostenvoranschlag.

Kurz bevor ich in den Operationssaal geführt wurde, erreichte mich die schönste Nachricht, die ich mir vorstellen konnte: Mali war am Leben. Gesund und munter, wenngleich auch massiv verängstigt. Jason, der Vorbesitzer von Mali, machte sich mit einer Schaufel auf den Weg zur Insel, um Mali zu finden und zu begraben. Entsprechend meiner Nachrichten glaubte auch er, dass sie nicht überlebt hatte. Als er auf der Insel ankam, teilten ihm jedoch Inselnachbarn mit, Mali lebend und in den Mangroven versteckt gesehen zu haben. So wartete Jason geduldig auf meiner Terrasse, bis alle Polizisten, die die Spurensicherung durchführten, das Gelände verlassen hatten.

Irgendwann traute sich Mali dann näher, kam die Stiegen hoch und legte sich vor meine Eingangstüre. Es dauerte eine Weile, bis er meine treue Seele „überreden konnte", mit ihm mitzukommen. Gemeinsam fuhren sie zurück zum Festland. Jason filmte das alles auf seinem Handy mit und schickte mir die Videos davon direkt an mein Krankenbett. Mali so unverletzt zu sehen, war wohltuender als jedes Medikament. Zwei der Videos lud Jason außerdem auf Facebook hoch, und ganz Belize feierte Malis Überleben. Es wurde tausende Male von Privatpersonen und sämtlichen Medien geteilt und mit zehntausenden Herzen und Daumen hoch versehen. Mali hatte es geschafft. So wie ich. Wir beide hatten es geschafft und waren noch am

Leben. Nun musste ich nur noch die Operation überstehen.

Mit der wundervollen Sensationsmeldung von Malis Rettung wurde ich gegen Mittag in den Operationsraum geführt, wo Chirurg und Anästhesist auf mich warteten. Assistenzpersonal war keines zu sehen, denn wie in Belize üblich, wird mit minimalem Aufwand das Maximum herausgeholt. Die Operationskittel der beiden Ärzte erinnerten sehr an die großen Müllsäcke, die ich auf der Insel verwendete. Mittels Injektion in die Wirbelsäule und Narkose bekam ich ab diesen letzten Gedanken überhaupt nichts mehr mit und wachte erst am frühen Abend wieder in meinem Zimmer auf. Viereinhalb Stunden hatte die Operation gedauert. In meiner Kehle spürte ich, dass ich künstlich beatmet worden war.

Noch etwas benebelt, wurde mir nach dem Aufwachen mitgeteilt, ein prominenter Besucher würde mich gerne sehen. Es war Chester „Clyde" Williams, der Polizeichef von Belize. Die Abkürzung in Belize lautet Compol – was für Commissioner of Police steht. Compol Williams fragte mich, wie es mir ginge, und ich bedankte mich für diesen hohen Besuch. Ich erklärte ihm, ihn von Facebook her zu kennen, woraufhin er laut lachen musste. Facebook dient in Belize sämtlichen Bedürfnissen. Alle Nachrichtensender berichten über Facebook, die Kommunikation der Regierungsbehörden findet nahezu ausschließlich auf Facebook statt, und es dient als die belizianische Version von E-Bay und Amazon, da es beide Dienste in Belize nicht gibt. Selbst die Leichenbestattung organisiert man über Facebook.

Compol Williams war unglaublich nett, versprach mir sein volles Engagement, um die Verantwortlichen dieses Verbrechens zu finden und eventuell sogar mein gestohlenes Boot aufzuspüren. Bevor er sich verabschiedete, machten wir noch ein gemeinsames Foto mit der Krankenschwester vom Dienst, was dann in Belize auf jedem Nachrichtensender zu sehen war. Er verließ mich mit den Worten: „Bevor Du auf Deine Insel zurückgehst, bekommst Du von mir zwei Waffenlizenzen. Einmal für eine Neun-Millimeter-Pistole und die andere für eine 12-Gauge-Pump-Action-Shotgun, mit der Du jeden Angreifer zur Strecke bringst. Ohne diese Waffen lasse ich Dich nicht zurück auf die Insel."

Seine Worte waren unglaublich eindringlich. Unter einer Neun-Millimeter-Pistole konnte ich mir noch etwas vorstellen, aber ich hatte keine Ahnung, was zur Hölle eine 12-Gauge-Pump-Action-Shotgun war. Es hörte sich sehr martialisch an. Von den behandelnden Ärzten erfuhr ich auch noch am selben Abend das Ergebnis der Operation. Nach viereinhalb Stunden mussten sie aufgeben, denn sie hatten getan, was sie konnten. Sieben Kugeln konnten entfernt werden, vierzehn waren zu tief und zu nahe an großen Blutgefäßen und Hauptnerven, um sie zu entfernen. Das Entfernen hätte ein wesentlich größeres Risiko in Bezug auf Langzeitschäden bedeutet, als die Kugeln im Muskelgewebe zu belassen. Der Chirurg erklärte mir zudem, dass er sich auf jene Kugeln konzentriert hatte, die noch in der Baumwolle der Matratze eingewickelt waren. Das organische Material würde zu schweren Entzündungen und Infektionen im Gewebe führen. Die Bleikugeln hingegen würden über Monate und Jahre vom Körper unter Umständen nach außen gedrängt werden, wo sie dann leichter zu entfernen wären. Die Kugel nahe der Wirbelsäule konnte er auch entfernen.

Ich hatte also vierzehn Bleikugeln in meinem Körper. Dagegen ist Amalgam in den Zähnen wohl eine Petitesse. Die sieben Kugeln hingegen, unter denen auch jene waren, welche in Baumwolle eingewickelt waren, behielt ich mir als Souvenir. Denn dies waren jene Kugeln, die auf mich gefeuert wurden, als ich die Angreifer darum bat, die Bilder meiner Kinder anzusehen. Und ich sie fragte, ob sie diesen Kindern wirklich ihren Vater nehmen wollten. Der Schuss durch die Matratze war die Antwort darauf. Und die umwickelte Baumwolle war meine Identifikationsmöglichkeit.

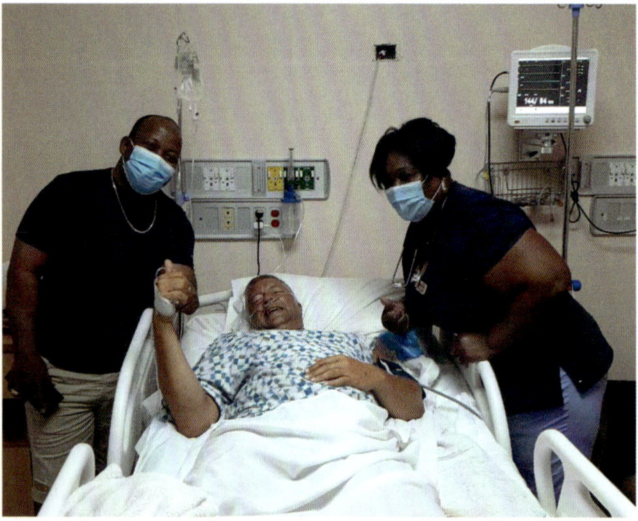

Links Compol Chester Williams, rechts Schwester vom Dienst

Die Bewaffnung beginnt

Der Überfall auf mich war – neben Malis Rettung – das Top-Thema im ganzen Land. Es gab zwar täglich Morde und Raubüberfälle, jedoch wurde so gut wie noch nie jemand mit so einer Brutalität wegen eines Bootes auf einer Insel überfallen. Nachdem ich während des Überfalls alles live auf Facebook gepostet hatte, fieberte halb Belize durch das Teilen meiner Updates mit. Jeder Nachrichtensender in Belize, der ORF in Österreich und viele österreichische Printmedien versuchten, mit mir Kontakt aufzunehmen. Was zu diesem Zeitpunkt aufgrund der großen Anteilnahme und Hilfsbereitschaft wie ein Segen aussah, stellte sich später als Fluch heraus.

Am Tag nach der Operation kamen Beamte der Tourismuspolizei, um sich nach meinem Wohlergehen zu erkundigen und am übernächsten Tag besuchten mich Kriminalbeamte, die den gesamten Tathergang protokollierten. Über mehrere Stunden durchlebte ich noch einmal den Überfall. Nachdem ich schon die Nächte davor kaum geschlafen hatte, war auch die folgende Nacht wieder von Weinkrämpfen begleitet. Interessanterweise hatte ich jedoch keine Albträume von dem Überfall. Während ich nach wie vor regelmäßig schweißgebadet in der Nacht hochschreckte, wenn ich von meiner unvorhergesehenen Trennung von Lea vor sechzehn Jahren träumte, hatte dieser Überfall nicht diesen Effekt. Jedoch riefen Lichtverhältnisse und der Einbruch der Dunkelheit Panik hervor.

Die Jahre zuvor genoss ich die absolute Dunkelheit auf der Insel und ebenso den Sternenhimmel von Placencia. Ich freute mich über die Milchstraße als abendliches Glück und fühlte mich nie unwohl oder unsicher. Und nun, selbst im bewachten Krankenhaus, löste der Einbruch der Dunkelheit bei mir Herzrasen, Angst und Panik aus. Völlig irrational, aber das war offensichtlich die Reaktion meiner Psyche auf den Moment, wo ich auf die Angreifer unter meinem Haus stieß. Dieser Moment war das gruseligste und furchteinflößendste Ereignis meines Lebens.

Bei der Beschreibung des Tathergangs konnte ich zwar alle Details sehr gut wiedergeben, aber eine Täterbeschreibung war nahezu unmöglich. Ein großer muskulöser, dunkelhäutiger Mann mit längerem, gewelltem Haar und zwei kleinere Männer, die auf mich schossen und in irgendeinem Kreol-Garifuna-Dialekt mit mir kommunizierten, war alles an Personenbeschreibung, was ich bieten konnte. Durch das handschriftliche Protokoll wurden die Täter dem Erscheinungsbild der Garifuna zugeordnet. Der größere muskulöse Mann, der meine Schlüssel fing, war nicht so genau einzuordnen.

Die nächsten Tage im Krankenhaus beantwortete ich Interview-Anfragen und plante meine weiteren Schritte. Außerdem war ich in regem Kontakt mit den Moderatoren von RTL-Explosiv. Nun gab es für sie wirklich einen Grund, möglichst schnell anzureisen. Meine „Story" war wortwörtlich explosiv. Schon fünf Tage nach der Entlassung aus dem Krankenhaus trafen wir uns direkt am Flughafen von Belize City, um gemeinsam nach Placencia zu fliegen. Ich war sehr dankbar, dass Philipp, der für RTL arbeitete, so schnell kam, denn an der Seite eines Deutsch sprechenden Menschen, mit dem ich mich aufgrund der vielen Kontakte verbunden fühlte, gab es mir ein Gefühl von Sicherheit. Außerdem half mir RTL, die von Yannick ins Leben gerufene Spendenaktion publik zu machen. Ohne Spenden wäre ich völlig verloren gewesen, all die entstandenen Kosten zu decken.

Egal wo ich mich bewegte, in Belize City oder in Placencia, jeder sprach mich auf den Überfall an und wünschte mir gute Besserung. Mein Gesicht war offensichtlich jedem Belizianer bekannt. Bald merkte ich aber, dass mir das auch Angst machte. Die lokalen Gesichter hinter den Corona-Masken waren auf einmal eine potenzielle Bedrohung. Ganz besonders jene Typen, die Bandanas, am Hinterkopf zusammengebundene Kopftücher trugen. Genauso wie meine Angreifer. Jeder Zweite hätte zu den Personen gehören können, die mich überfallen hatten. Klar war aber trotzdem, wo mein erster Weg mich hinführte. Zu Mali. Ich wollte endlich Mali wieder in die Arme nehmen.

Die Kameras von RTL liefen ab diesem Zeitpunkt immer mit und stellten eine detailgetreue Dokumentation der ersten Tage nach dem Überfall dar. Mali konnte mich bereits aus der Distanz riechen, und als sie mich sah, sprintete sie sofort los. Das Wiedersehen war überwältigend. Mali sprang auf mich, schlabberte mich überall ab, was sie sonst nie machte und ließ sich gar nicht mehr beruhigen. Und ich konnte natürlich nicht mehr aufhören zu weinen, so glücklich war ich. Sie war unversehrt. Alles war wieder gut.

Dann ging es in mein Überbrückungs-Zuhause, welches mir freundlicherweise von jemandem zur Verfügung gestellt wurde, den ich nur ab und zu am Strand von Placencia getroffen hatte. Wir unterhielten uns immer wieder nett, aber hatten keinerlei Kontaktdaten ausgetauscht. Er liebte Mali und hatte den Überfall auf uns in den Nachrichten gesehen. Dank einer gemeinsamen Bekannten, die zwischen uns vermittelte, hatten wir somit für ein paar Wochen wieder ein Zuhause.

Auf die Insel konnte ich noch nicht zurück, da weitere Wochen medizinischer Betreuung notwendig waren. Doktor Alexis kümmerte sich um den täglichen Verbandswechsel, die Wundkontrolle und das Anpassen der Medikamente. Gehen fiel mir noch etwas schwer, und auch meine Kraft war noch nicht zurückgekehrt. Äußerst bedrückend war, dass ich weiterhin Angst hatte, sobald es dunkel wurde.

Hinter jeder Ecke stellte ich mir die Typen vor, die nun ihren Job der Zeugenbeseitigung zu Ende bringen könnten. In direkter Nähe zu meinem Übergangs-Apartment hatte ich für Philipp und seinen Kameramann von RTL zwei Apartments organisiert. In ein Restaurant wollte ich aufgrund meiner Bekanntheit nicht gehen, außerdem wollte ich die Kenntnis über meine Rückkehr nach Placencia möglichst lange verzögern. Ich selbst war es sowieso nicht gewohnt, in ein Restaurant essen zu gehen. Von Anfang an hatte ich für mich selbst gekocht. Dementsprechend ließen wir uns Essen von einem Strandlokal zu der Unterkunft von Philipp liefern, um über den nächsten Tag zu plaudern. Die Telefonnummer von Compol Williams öffnete Tür und Tor. Als wir mit dem Abendessen fertig waren, wollte ich nur noch in mein Bett.

Mein Apartment lag gerade mal eine Minute von Philipps Unterkunft entfernt. Obwohl ich all diese Wege schon hunderte Male zuvor gegangen war, hatte ich an diesem Abend pure Panik. So begleitete mich der Kameramann bis zu meinem Tor, und erst als ich die Eingangstüre hinter mir schließen konnte, fühlte ich mich halbwegs sicher. Die erste Nacht war dennoch purer Horror. Mali und ich hatten nun ein Jahr lang keine anderen Stimmen gehört, daher schreckten wir bei jedem Geräusch hoch. Schritte um uns herum, männliche, laute Stimmen und Hundegebell. Das Bellen der Hunde machte mich am meisten nervös, denn auch nach einem Jahr Pandemie hatte Belize weiterhin aufgrund der Covid-19 Maßnahmen eine nächtliche Ausgangssperre. Wer lief da also nachts herum?

Bereits nach der ersten Nacht wurde mir klar, das Angebot von Compol Williams wahrnehmen zu müssen. Ich, der Waffengegner, wollte auf einmal die schwerste mögliche Bewaffnung haben, um mich im Fall des Falles verteidigen zu können. Jahrelang hatte ich mit meinen US-amerikanischen Freunden über zu lasche Waffengesetze diskutiert. Meinen Gast Nathan hatte ich als Waffennarr verurteilt. Und nun wollte ich selbst bewaffnet sein. Nie wieder wollte ich in diese hilflose Situation geraten, mich gegen bewaffnete Angreifer nur mit einer Matratze wehren zu können. Unfassbar, was dieser Überfall aus mir gemacht hatte. Es hatte die Grundfesten meiner Persönlichkeit erschüttert.

Am nächsten Morgen ging es dann so richtig zur Sache, was meine Psyche betraf. Das kleine RTL-Team und ich starteten mit einem Boot und mit bewaffneten Polizisten Richtung Insel. Ich würde zum ersten Mal mein Haus bei Tageslicht wiedersehen und die Schäden begutachten können. Als wir bei meinem Dock ankamen, war zuerst ein tiefes Durchatmen notwendig. Ich war auch gespannt, wie Mali reagieren würde, wenn sie wieder auf der Insel ist. Wie üblich waren auch Miso und Taco, die zwei Hunde von der Nachbarinsel da. Miso und Taco waren zwei ganz süße Hunde. Picaros Insel war mit dem Boot ungefähr fünf Minuten entfernt. Schwimmend hätte ich diese Distanz über das offene Meer jedoch nie geschafft. Für die beiden Hunde war die Distanz aber offensichtlich kein Problem. Sie schwammen von Insel zu Insel und kletterten durch Mangroven, bis sie schließlich meinen Platz erreicht hatten. Meine Gäste behandelten Hunde immer gut. Belizianer hingegen gehen mit Hunden nicht immer sehr sanft um. Oft werden sie als kostenlose Alarmanlage missbraucht und schlecht behandelt.

Mali machten die beiden Hunde immer nervös, denn sie hatte wenig Interesse an anderen Hunden. Auch in dieser angespannten Situation waren die beiden Hunde alles andere als willkommen. Sie behinderten unsere Dreharbeiten, da sie direkt bei mir Nähe und Zuneigung suchten. Wir ignorierten die Hunde so gut es ging und versuchten, die Zeit, die uns die Polizei zur Verfügung stellte, so effizient wie möglich zu nutzen.

Die zerschossenen Fenster waren von außen nicht zu sehen. Jason, der Mali von der Insel abgeholt hatte, hatte die Fenster aufgrund der Kaltfront und des Regens mit Pressholz-Platten abgesichert. Während die Kameras liefen, ging ich den Ablauf des Angriffs chronologisch durch. Beim Öffnen meiner Eingangstüre fiel mir als Erstes auf, dass die Einbrecher versucht hatten, den Türknauf mit meinem Hammer einzuschlagen. Jenem Hammer, den ich nach dem Einbruch auf mein Boot in mein Schlafzimmer nahm und nicht mehr auf der Werkbank liegen ließ. Und dann nach und nach aus Faulheit wieder auf der Werkbank vergaß. Es wurden von den Angreifern aber auch Dinge mitgebracht und offenbar vergessen. Auf meiner Werkbank lag die Machete, die noch unter dem Haus gegen mich erhoben wurde. Eine der typischen belizianischen Nachrichten-Headlines lautet: „Mann wurde mit Machete die Kehle aufgeschlitzt." Das kann man mindestens einmal in der Woche lesen.

Im Wohnzimmer und der Küche zeigte sich dann das

pure Chaos. Ohne Schuhe konnte ich nicht eintreten, denn überall waren Glassplitter der zerschossenen Fenster. Erst jetzt sah ich, wie ich im Badezimmer nur knapp überlebt hatte. Direkt neben meinem Kopf hatten die Schrotkugeln die Wände durchschlagen. Das hatte ich zu diesem Zeitpunkt bereits wieder völlig vergessen. Wäre ich fünf Zentimeter weiter links gestanden, wäre es im Badezimmer bereits vorbei gewesen. Meine Schlafzimmertüre diente den Angreifern tatsächlich als Schützenfest. Sie hatten nicht nur das Schloss weggeschossen, sondern auch ein weiteres Loch mit ihrer Pumpgun in die Türe gesprengt. Dieses Einschussloch war in einem schrägen Winkel in jene Richtung, wo ich mit ihnen kommuniziert hatte.

Die Matratzen und das Bettgestell waren nach wie vor in jener Position, wie ich die Insel verlassen hatte. Überall klebte Blut. Der Boden war voll mit getrockneten Blutlachen, selbst in Malis Trinkschüssel war es zu finden. Die Harpune lag noch immer geladen am Boden. Mein Puls stieg deutlich an, als ich mit RTL den gesamten Angriff noch einmal durchging.

Was mir auch auffiel: Ein Messer, das nicht mir gehörte, war neben meiner Türe vergessen worden. Was darauf hindeutete, dass den Tätern die Munition ausgegangen war. Was sie damit vor hatten, kann man sich denken. Die Banditen versuchten zudem, über die Zwischendecke in mein Schlafzimmer zu gelangen, denn die Einstiegsluke zum Zwischendach war geöffnet. Diese Piraten, wie sie inzwischen von der Küstenwache und Compol Williams bezeichnet wurden, hatten wirklich alles versucht, um zu mir vorzudringen. Was für ein Idiot wäre ich gewesen, herauszukommen und auf die Aufforderung zu hören. Das einzige Ziel war, den Weißen auf seiner Luxusinsel abzuschlachten und ihm sein Boot und sein Geld zu stehlen.

Nachdem ich all das gesehen hatte, war es für mich noch unbegreiflicher, diesen Angriff überlebt zu haben. Ich hätte vermutlich selbst mit zehn Stunden Vorbereitungszeit kaum etwas besser machen können. Und Mali war meine Lebensretterin, so viel war klar. Ohne sie wäre ich gestorben, ohne meine Mörder jemals gesehen zu haben. Der Tag war für mich äußerst anstrengend, sowohl physisch wie auch psychisch. Nach zwei Stunden merkte ich, wie mir zunehmend die Kraft ausging und sich Kreislaufprobleme bemerkbar machten. War ich doch erst einen Tag zuvor aus dem Krankenhaus entlassen worden. Compol Williams hatte ich bereits im Spital angeboten, dass die Polizei oder Küstenwache meine Lodge als Basis nützen könnte. Nachdem die Polizisten nun das Areal gesehen hatten, waren sie Feuer und Flamme, diese Option wahrzunehmen.

Als wir abzogen, brachten wir noch die beiden Hunde auf Picaros Insel zurück. Dort traf ich auf Richard, einen der Arbeiter, der ganz zu Beginn im Jahr 2017 bei der Errichtung meines Gästehauses mitgeholfen hatte und immer wieder mit seinem Kayak bei mir vorbeischaute. Richard erklärte mir, dass er den Abend des Überfalls am Grundstück von Eddy Webster, einem Parlamentarier, verbrachte, dessen Haus man als mein Nachbarhaus bezeichnen könnte. Richard sagte, keine Schüsse gehört zu haben, da der Generator lief. Ein anderer Aufpasser hingegen, der weiter entfernt wohnte, hörte jedoch die Schüsse und versuchte mich am Abend des Überfalls sogar anzurufen. Obwohl es sonderbar war, konnte ich Richards Schilderungen nur hinnehmen, wenngleich er von seiner Position aus zumindest meine Angreifer hätte sehen müssen. Man konnte meine Lagune nicht verlassen, ohne an Eddy Websters Platz vorbeizufahren. Außer man hatte ein U-Boot.

Am nächsten Tag besuchten der TV-Sender RTL und ich noch meinen zivilen Lebensretter Christo. Er beschrieb, wie aufwendig die Rettungsaktion organisiert worden war und wie viele Hürden zu überwinden waren. Die Küstenwache konnte aufgrund der Wetterbedingungen und der Entfernung nicht zu Hilfe kommen. Ihre Basis lag über eine Stunde entfernt, und sie wussten auch nicht, wie man zu mir gelangt. Meine Freunde in Placencia hatten bereits sieben Boote und Bootskapitäne bereit, aber die Polizei hatte keinen Zugang zum Waffenschrank mit den Maschinengewehren. Der Polizist, der den Schlüssel hatte, hielt sich eine halbe Autostunde entfernt auf und musste erst gefunden werden. Dies war der Grund für die weitere Verzögerung.

Dann war da noch mein gestohlenes Boot, welches die Küstenwache zwei Tage nach dem Angriff lokalisieren und nach Placencia zurückschleppen konnten. Natürlich war der Motor bereits abgebaut, wobei es faszinierend ist, wie diese Kriminellen das am Wasser schafften. Der Motor hatte 250 Kilogramm. Beim Einbau benötigten wir sechs starke Männer, um den Motor zu heben. Wie macht man das am Wasser? Ich kann mir nur vorstellen, dass diese Verbrecher so etwas wie ein flaches Schlauchboot benutzen, wo sie den Motor dann einfach hineinplumpsen ließen. Ich wüsste nicht, wie das sonst am Wasser funktionieren sollte. Mein Boot sah fürchterlich aus. Sie hatten meine Türe, die kein Schloss besaß, einfach aufgetreten, anstatt sie zu öffnen. Pure Aggression. Sämtliche Fiberglasteile im Inneren und im kleinen Geräteraum für Pumpen, Filter und Batterie waren zerbrochen. Die Batterie war auch gestohlen. Sie hatten mein Boot offensichtlich ohne jegliche Rücksicht auf die Wetterbedingungen mit Vollgas gegen die hohen Wellen gebrettert.

Erneut fiel auf, wie diese Typen nicht wirklich mit überragender Intelligenz gesegnet waren. Sie stahlen meinen 15-Euro-Kompass, ließen aber das 1.500 Euro teure digitale Panel, welches zum Motor und zur Motorsteuerung gehörte, im Armaturenbrett stecken. Ohne dieses Panel hatte der Motor einen deutlich geringeren Wert, denn sämtliche Daten und Einstellungen liefen auf diesem kleinen Computer zusammen. Ebenso hatten die Banditen den Fahrtenregler zurückgelassen, der auch etwa 500 Euro wert ist. Das Panel hätte sich ohne Schraubenzieher herausziehen lassen, der Kontrollhebel wäre mit zwei Schrauben abzumontieren gewesen. Vielleicht ging ihnen aber auch die Zeit aus, oder sie waren zu high oder zu betrunken.

Einerseits war ich froh, mein Boot wiederzuhaben, andererseits wütend, welche Schäden völlig sinnlos verursacht worden waren. Und dann dachte ich mir wieder „Hey, das ist völlig belanglos. Mali und ich sind am Leben. Das ist das Einzige, was zählt."

Am nächsten Tag reiste die RTL-Crew wieder ab, und ich hatte nun erstmals Zeit, über die kommenden Tage nachzudenken. Solange ich am Festland war, musste ich mich um zeitraubende Dinge, wie die Waffenlizenz und Polizeiinterviews kümmern. Denn wenn ich wieder auf die Insel übersiedeln würde, hätte ich kein Boot. Es würde unglaublich schwierig werden, die einfachsten Sachen am Festland zu erledigen.

Die Polizei war inzwischen mit ihren Planungen fertig und konnte eine Einheit permanent auf meiner Insel stationieren. Über eine private Firma war die Finanzierung ihres Bootes sichergestellt. Meine Lodge stand ihnen gratis zur Verfügung. Dementsprechend ging es dann sehr schnell, und eine Spezialeinheit GI3, bestehend aus vier Polizisten und einem Bootskapitän, bezog in meinem Gästehaus ihre Basis. Ich zeigte ihnen, wie alles mit der Solarenergie und dem Regenwasser funktionierte, ebenso wie sie Zugang zum Internet erhalten und Netflix am Smart-TV schauen können. Die fünf harten Jungs in ihren Kampfanzügen waren im siebenten Himmel, gleichzeitig musste ich mir nun keine Sorgen mehr um meine beiden Häuser machen. Wer würde vier mit Maschinengewehren bewaffnete Polizisten ausrauben?

Dennoch hatten sie Sorge, dass ihr Boot über Nacht gestohlen werden könnte. So baute ich meine Sicherheitskameras um, damit ihr Boot überwacht werden konnte und installierte die entsprechende Applikation auf dem Handy des Leiters der Einheit. Officer Lopez stellte sich auch im Nachhinein noch als einer der wenigen unbestechlichen und hilfreichen Beamten heraus, die die Polizei von Belize zu bieten hatte.

Obwohl ich mich eigentlich um meine Gesundheit hätte kümmern sollen, versuchte ich in den nächsten Tagen alle mühsamen Dinge zu erledigen. Das für mich am meisten Unvorstellbare waren die Waffenlizenzen. Normalerweise benötigte man Jahre, um solche speziellen Genehmigungen zu erhalten. Als Ausländer war das eigentlich so gut wie unmöglich. Doch Compol Williams versprach es mir und hielt sein Wort. Als ich in Belmopan, der Hauptstadt von Belize, ankam, wollte ich als Erstes meinen „Police Record" erhalten. Dies ist eine nationale und internationale Abfrage über mögliche kriminelle Vorgeschichten in Bezug auf meine Person. Da es auch eine Abfrage bei Interpol inkludiert, dauert dies üblicherweise mindestens einen ganzen Tag. Diesen Strafregisterauszug benötigte ich jedes Jahr zur Erneuerung meiner Hotellizenz. Es war mir ein gut bekanntes, zeitraubendes Verfahren. Interessanterweise wurde ich von den Beamten, die mich sonst kaum eines Blickes würdigten, wie ein König empfangen. Nach einer Umarmung mit dem Police Commissioner folgte seine Anweisung an die Beamten: „In 30 Minuten will ich den Police Record am Tisch haben, um alles andere kümmere ich mich."

Dreißig Minuten in Belize dauern üblicherweise mehrere Stunden. Ich besorgte mir ein Mittagessen. Noch vor dem letzten Bissen bekam ich eine Chat-Nachricht, dass alles fertig sei. Und tatsächlich, Compol Williams hatte alles, inklusive der beiden Waffenlizenzen, fertig. Ich war sprachlos. Was normalerweise mehrere Jahre dauerte, hatte er in einer halben Stunde erledigt.

Nachdem ich die Lizenzen in der Tasche hatte, überlegte ich, in Belmopan gleich bei Daniel vorbeizuschauen, jenem deutschen Freund, der mir mit seiner Frau Rebecca auf seiner Farm im Dschungel Unterschlupf vor Hurrikan „Nana" angeboten hatte. Daniel war vor fast zwei Jahrzehnten aus Deutschland ausgewandert und hatte eine wundervolle Familie mit vier Kindern gegründet. Bei Daniel kaufte ich von Anfang an all mein Solar-Equipment, da er bei einem der größten Baumärkte im Land für den Verkauf zuständig war. Ebenso war er lizenzierter Waffenhändler. Wir hatten uns oft über Waffen unterhalten. Er begann als friedlicher Mennonit sein Leben in Belize, hatte aber inzwischen seine Einstellung zu Waffen geändert. Es gab auch für ihn keine andere Möglichkeit, seine Familie zu beschützen, als im Notfall ein Gewehr einzusetzen. Eigentlich lebte diese Familie wie in einem wundervoll kitschigen Roman friedlich auf ihrer kleinen Farm mitten im Dschungel, aber die Kriminalität wurde über die Jahre immer gefährlicher. So kam auch er an dem Punkt an, ohne Waffen seine Familie nicht beschützen zu können.

Ich hatte das schon halbwegs verstanden, beharrte aber dennoch immer auf meinem Grundsatz, es müsse auch ohne Waffen gehen, denn Gewalt erzeuge immer Gegengewalt. Und nun kam ich mit Lizenzen für gleich zwei unterschiedliche Waffentypen bei ihm angekrochen. Daniel war froh, mich lebend zu sehen, und wir umarmten uns herzlich. Nachdem er meine Lizenzen angesehen hatte, erklärte er mir, dass ich jetzt und sofort alles kaufen könnte. Ich könnte noch heute mit den Waffen nach Hause fahren. Mir verschlug es abermals die Sprache. Aber ja, ein Besuch in Belmopan kostete mich immer einen ganzen Tag und, wenn das am gleichen Tag erledigt werden könnte, warum nicht. Sogleich öffnete er seinen großen Waffenschrank und zeigte mir jene Waffen, für die ich Genehmigungen hatte. Noch nie hatte ich eine echte Schusswaffe in der Hand. Und nun drückte mir Daniel unterschiedliche ungeladene Pistolen und Gewehre in die Hand. Er überprüfte, was am besten für meine Hände und meinen Bedarf geeignet wäre. Ich hatte plötzlich echte Tötungsmaschinen in der Hand, was ich stets abgelehnt hatte. Wir entschieden, dass das Neun-Millimeter-Glock-Modell 19 X das beste Pistolenmodell für mich wäre. Selbst im Schlamm sollte diese Pistole noch funktionieren. Die von Compol genehmigte 12-Gauge-Pump-Action-Shotgun war das, was wir Europäer aus Filmen als Pumpgun kennen. Es war erschreckend. Sie erinnerte mich an den Terminator und noch mehr Tod.

Mit den Waffen ging es dann zurück zur Polizeistation in Belmopan, wo sie anhand von Probeschüssen und der Abnahme der Seriennummern registriert wurden. Danach händigte man sie mir aus. Ohne Training, ohne auch nur annähernd zu wissen, wie diese Dinger funktionieren, spazierte ich mit der Pumpgun in der einen Hand und der Pistole in der anderen Hand aus der Polizeistation zu meinem Auto. Völlig irre. Dann ging es zurück zu Daniel, um Munition zu kaufen. Meine Lizenzen erlaubten 100 Patronen für die Pistole und 50 Patronen für die Pumpgun. Daniel und ein Kollege nahmen sich eine Stunde Zeit, mir zumindest die Pistole zu erklären. Wie man die Magazine lädt, wie man die Waffe mit einer Kugel scharfmacht, wie diese halb automatische Pistole nach jedem Schuss selbst nachlädt, wie man sicherstellt, dass keine Patrone in der Kammer ist und wie man sie reinigt. Die Pumpgun wollten sie mir auch noch erklären, aber da war ich bereits überfordert und merkte mir gar nichts mehr. Allein die unterschiedlichen Munitionen und deren Wirkungen war eine fürchterliche Wissenschaft für sich. Expandierende Munition, normale Munition, durch welche Materialien sie wie durchschlagen. Aber wenn man sich auf den Kampf um Leben und Tod vorbereitet, dann muss man wissen, wie es funktioniert und was es zur Wahl gibt. Mir fiel Darwin ein. Wer sich an seine Umwelt am besten anpasst, hat die größten Überlebenschancen.

In Belize hatte ich meine Anpassungsfähigkeit durchgehend beweisen müssen. Sprachlich, beim Bauen, dem imperialen Maßsystem mit Fuß und Zoll statt Meter und Zentimeter, Fahrenheit statt Celsius, bis hin, meine Solaranlage selbst aufbauen zu müssen und während einer Pandemie nur durch Fischfang zu überleben. Dass ich mich an meine Umweltbedingungen durch Bewaffnung anpassen musste, das widerstrebte mir bis in die letzte Körperzelle. Aber was blieb mir schon anderes übrig? Insofern entschied ich mich für 50 günstigere konventionelle Patronen zum Üben und 50 teurere expandierende Patronen für den Ernstfall.

Für die Pumpgun zeigte mir Daniel ebenfalls die unterschiedlichen Varianten. Nun konnte ich auch sehen, womit ich getroffen wurde, denn ich hatte mir ja sieben Andenken aufgehoben. Es handelte sich um sogenannten Vogelschrot. Zu diesem Zeitpunkt war leider schon so etwas wie Hass in mir aufgekommen. Hass gegen jene Menschen, die zu dritt auf eine unbewaffnete Person losgingen. Was war nur aus mir geworden? Ich, derjenige, der noch die linke Wange hinhielt, wenn ihm auf die rechte geschlagen wurde. Ich befürchtete, nicht mehr derselbe zu sein, wie vor dem Überfall.

Abgesehen von den Waffen und der Munition benötigte ich natürlich noch Zubehör und einen Waffensafe. Für das Tragen der Pistole kaufte ich ein Innenhalfter, der zwar wie ein normales Halfter an den Gürtel geklippst wurde, aber der samt Waffe fast zur Gänze innerhalb des Hosenbundes auf der Innenseite der Hose verschwindet. Somit war das Tragen der Pistole kaum sichtbar. Bei eng anliegenden T-Shirts würde man nur den Griff der Waffe als eine Ausbuchtung wahrnehmen können und nur wenn man wusste, dass es so etwas überhaupt gibt. Vermutlich war ich in den letzten vier Jahren schon hunderten Personen mit Waffe begegnet, ohne es zu bemerken. Die Pumpgun sollte hoffentlich niemals den großen neuen Waffenschrank verlassen.

Nachdem Waffen und Munition ausgesucht und bezahlt waren, fuhr ich wieder zwei Stunden nach Placencia zurück. Ab diesem Zeitpunkt übte ich jeden Tag, die Pistole zu laden, zu entladen und auseinanderzunehmen. Ich wollte in der Lage sein, die Waffe blind bedienen zu können. Keinesfalls wollte ich durch Unkenntnis einen Schuss auslösen. Ich hatte die Pistole immer bei mir, so wie Compol Williams mir geraten hatte.

Vom Gebrauch der Pumpgun hatte ich weiterhin keine

Ahnung, dies musste mir noch einmal ein Waffenexperte erklären. Auch wenn ich mich wiederhole, aber alles fühlte sich absolut surreal an. Ich mit Waffe. Im Plural noch dazu. Es sollte aber noch wesentlich verrückter werden. Nahezu ohne Atempause geriet ich in die nächste Situation, die als Plot für einen Film gereicht hätte.

Zerschossenes Küchenfenster

Zerschossenes Wohnzimmerfenster

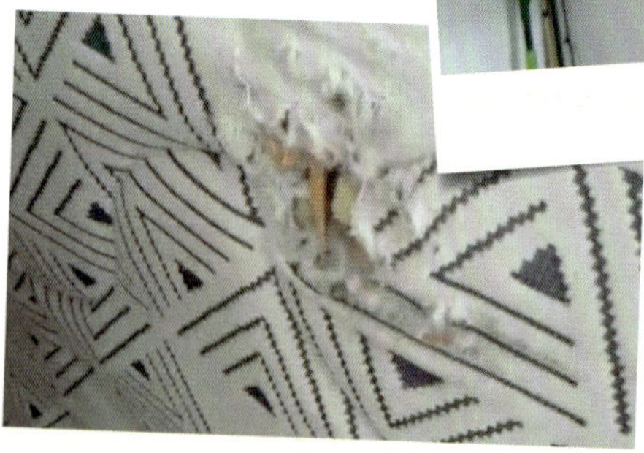

Durchschusslöcher in der Matratze

Ein abgestürztes Drogenflugzeug

Am 6. März 2021, gerade mal zwei Wochen nach dem Überfall, ging es los. Detective Caruso, ein Kriminalpolizist aus Placencia, bot mir das dringend benötigte Schuss- und Waffentraining an. Trotz meiner Erfahrungen mit dem Entwicklungsland Belize war ich so naiv zu glauben, dass es einen professionellen Schießstand geben würde. Natürlich gab es den nicht. Dem nicht genug, Detective Caruso erklärte mir, wir würden Stephen, einen Zivilsten, benötigen. Stephen war ein Waffenspezialist mit Kenntnis über unberührte Gebiete, wo wir niemanden versehentlich erschießen könnten. Das ist ein Zitat. Für einen Schusswaffen-Neuling musste es Schießstände in gesicherten Bereichen mit Zielscheiben geben, glaubte ich. Das war ein Denkfehler und eines Einwanderers nicht würdig, der bereits vier Jahre in Belize verbracht hatte.

Auch wenn jede Menge Unbehagen meine Stimmung drückte, wollte ich endlich wissen, wie es sich anfühlt, einen Schuss abzugeben. Permanent mit der Waffe im Halfter herumzulaufen, aber keine Ahnung von der Handhabung zu haben, fühlte sich nicht richtig an. Ich sah mich als wandelnde Zeitbombe für mich selbst und meine Umgebung. Detective Caruso, Stephen und ich fuhren los. Stephen hätte beinahe beruflich nicht mitkommen können, aber das Ballern war offensichtlich ausreichend Motivation, um sich freizunehmen. So setzte er sich mit seiner Waffe, die wie ein Scharfschützengewehr mit einem

Zielobjektiv aussah, auf meinen Beifahrersitz. Wir fuhren nicht mit einem Polizeiauto, sondern mit meinem alten Truck. Stephen trug seine Waffe ganz offen. Zivilisten gingen also einfach irgendwohin zum Schießen, das war die Realität in Belize.

Wir fuhren dreißig Minuten. Nachdem wir die Hauptstraße verlassen hatten und auf Feldwege abbogen, wurde mir nach und nach klar, warum Caruso den von Stephen beschriebenen Platz nicht finden hätte können. Es folgte eine Fahrt quer durch steppenartige Wüste mit verwilderten Wegen und vielen Weggabelungen. Am Ende der Irrfahrt würde es eine Mauer geben, die fernab jeder Zivilisation lag und perfekt geeignet war, um Schießen zu üben. Wir fuhren bereits eine weitere halbe Stunde querfeldein, und ich hatte vollends die Orientierung verloren. Würde man mich umbringen wollen, dies wäre der perfekte Platz gewesen. Teilweise musste ich über Sträucher fahren, die höher als mein Truck waren. Ich war mir nicht sicher, wie lange mein alter Lastesel dies noch überstehen würde.

Stephen hielt während der Fahrt sein Gewehr aus dem Beifahrerfenster. Er meinte, eventuell würden wir Wild begegnen, dann hätte seine Familie für die nächsten Tage gleich etwas Feines zum Essen. Außerdem wollte er nicht von einem Jaguar angesprungen werden, da wir ja fast im Schritttempo fuhren. Wie es um meine Nerven bestellt war, kann man sich vorstellen. Auch wenn ich sonst Mali immer und überall bei mir hatte, zu diesem Ereignis nahm ich sie nicht mit. Während der Autofahrt wurde ich immer nervöser, denn gleich sollte ich die ersten Schüsse meines Lebens abgeben. Nachdem ich gerade selbst erst über den Haufen geschossen worden war. Während also meine Gedanken um das bevorstehende Training kreisten und meine Augen auf den kaum sichtbaren Feldweg fixiert waren, brach bei Stephen auf einmal Panik aus. Mit leiser Stimme beschwor er mich: „Halte sofort den Wagen an. Da liegt ein verficktes Drogenflugzeug. Bleib stehen, bleib stehen!“

Ich konnte nicht glauben, was ich da sah. Keine zwanzig Meter von uns entfernt, direkt am Rand des Feldweges, lag ein leicht ramponiertes, sichtlich gerade erst gelandetes Kleinflugzeug. Stephen herrschte mich an: „Steig aus und gehe in Deckung. Mach Deine Pistole scharf!“ Hallo? Deckung mitten in der Steppe? Rechts von uns, links vor uns oder hinter uns? Meint der jetzt echt ein angreifendes Drogenkartell wie aus der TV-Serie Breaking Bad?

Aber was blieb mir übrig. Ich verschanzte mich hinter dem Truck und lud meine Pistole durch. So viel konnte ich ja schon, und das blind. Die anderen beiden Magazine steckte ich in die Hosentasche, während ich nach wie vor vierzehn Bleikugeln im Popo stecken hatte und noch keinen einzigen Schuss abgegeben hatte. Wobei mir sehr bewusst war, dass man sich mit drei vollen Magazinen zu 17 Schuss wohl kaum gegen den Angriff von Männern eines Drogenkartells wehren konnte. Stephen gab Caruso mit seinem Gewehr Feuerschutz, der inzwischen auch verstanden hatte, was los war. Caruso war nur mit seiner Dienstpistole bewaffnet. Ich kauerte hinter meinem alten Truck, während Caruso sich langsam durch die wenigen Büsche dem Flugzeug näherte. Es war eine mit zwei Propellern angetriebene Beachcraft. Abgesehen von den Bruchlandungsschäden war sie in exzellentem Zustand. Ich wartete darauf, dass jeden Moment das Feuer auf uns eröffnet wird, aber mit jeder Minute länger war ersichtlich, dass die Ladung mit den Drogen bereits weggebracht worden war. Zum Glück.

Da stand ich nun, leicht zitternd, neben einem abgestürzten Drogenkartell-Flugzeug. Bis vor zwei Wochen war Corona meine einzige Sorge. Seitdem schien sich die Welt nur noch um Piraten, Schießereien und Drogenkartelle zu drehen. Nachdem Caruso grünes Licht gegeben hatte, näherten sich auch Stephen und ich dem Flugzeug. Neben der Beachcraft waren unzählige leere Benzinkanister mit Resten von blau gefärbtem Kerosin. Bis heute rätsle ich, wozu das hätte dienen sollen. Soweit ich weiß, wird bei billigen Herstellungsmethoden Kokain in Benzin aufgelöst, um es aus dem Pflanzenpräparat zu extrahieren. Eventuell war das der Grund für die leeren Benzinkanister. Umso weniger ich wusste, desto besser für mich. Ich war heilfroh, keine Kokainpackungen vorgefunden zu haben. Damit wäre ich dann als Zeuge so richtig auf der Abschussliste gestanden.

Nachdem ich keine Angst mehr hatte, erschossen zu werden, machte ich nach Rückfrage bei Caruso ein paar Fotos mit meinem Handy. Auch wenn ich das mit niemandem teilen durfte, so war es mein Beweis für eine Geschichte, die mir in Zukunft sonst niemand glauben würde. Ebenso sah ich mir die Landespuren an. Die Piloten dieser Flugzeuge müssen sich im Klaren sein, ihr Leben zu riskieren. Entweder werden sie erpresst, oder die Bezahlung ist so enorm hoch, dass sie dafür ihr Leben riskieren. Das Flugzeug hatte nach dem Aufsetzen eine weit mehr als hundert Meter lange Spur hinterlassen. An einer Stelle war das Bugrad nur wenige Zentimeter neben einem zwei Meter tiefen Loch vorbeigeschrammt. Die Flugzeugteile waren überall verstreut. Reifen, Blechteile, Lichter und vieles mehr. Im Cockpit lag noch der Proviant des Kapitäns. Eine Tacos-Packung und die halb volle Flasche eines Elektrolytgetränks. Außerdem lag am Boden des Cockpits ein mobiles Navigationsgerät.

Nachdem Caruso weitere Polizeikräfte gerufen und Meldung erstattet hatte, hatten wir vorerst nichts zu tun, außer auf die Verstärkung zu warten. Dann sagte er: „Ok, jetzt hast Du die perfekte Kulisse, um Deine neuen Spielzeuge auszuprobieren." Ich dachte zuerst, er verarscht mich, aber es war sein voller Ernst. Wir waren zum Schießen hier. Er beruhigte mich und meinte, eine Armee von Polizeifahrzeugen würde gleich anrücken, und wir hätten nichts mehr zu befürchten. Die Organisatoren dieses Drogenschmuggels seien längst über alle Berge. Also ballerte ich ein bisschen herum. Stephen zeigte mir den sicheren Umgang mit der Pistole. Auf meine Frage, wohin ich zielen sollte, meinte er nur: „Da drüben, auf den unteren Bereich des Baumes." Also feuerte ich, was das Zeug hielt. Ich vergaß, meinen mitgebrachten Ohrenschutz und die Schutzbrille zu verwenden. Danach wusste ich, wie es sich anfühlt zu schießen. Dann kam die Pumpgun an die Reihe. Ich wurde zum Terminator für Arme. Bald verstand ich die Mechanik auch dieses Gerätes. Die Pumpgun war noch lauter als die Pistole. Minuten später noch pfiffen mir die Ohren. Vor allem der Rückstoß war bemerkenswert. Mit dieser Waffe wurde auf mich geschossen. Nun konnte ich erahnen, was es heißt, davon getroffen zu werden. Es war für mich nicht nachvollziehbar, wie ein Mensch einem anderen Menschen so etwas antun kann, wenn es nicht um Selbstverteidigung geht. Meine Verachtung gegenüber meinen Angreifern wuchs noch einmal beträchtlich an.

Nach den Schussübungen sammelten wir alle Patronenhülsen auf, damit ich nicht als Hauptverdächtiger des Drogenflugzeuges identifiziert werden würde. Caruso legte alle Hülsen in das Handschuhfach meines Autos. Das war mein erstes Schusstraining. Und mein erstes abgestürztes Drogenflugzeug. Die Polizeikräfte fanden selbst-

verständlich trotz übermittelten GPS-Pin nicht zu uns. Wir mussten mit Stephen auf dem Beifahrersitz und Caruso auf der Ladefläche den Polizisten entgegenfahren.
Erst nach Einbruch der Dunkelheit war ich zurück bei Mali, die mich bereits sehnsüchtig erwartete. Der Ausflug hatte sich ausgezahlt, denn in der folgenden Nacht hatte ich das Gefühl, mich wirklich verteidigen und meine Waffen einsetzen zu können. Trotzdem fühlte sich der Besitz von Waffen nicht richtig an. Das war ich einfach nicht. Ich wollte barfuß leben, Regenwasser trinken, die Natur genießen. In mir stieg ein Widerwille auf, auf meine Insel zurückzukehren. Nachdem ich aus finanzieller Sicht aber keine andere Wahl hatte, versuchte ich optimistisch zu denken.

Ich hatte die Hurrikans und eine Pandemie ohne Touristen durchgestanden. Ich hatte den Angriff von drei bewaffneten Piraten überstanden, und nun sollte ich meine Freunde, die mir finanziell geholfen hatten, im Stich lassen? Das war einfach keine Option. Kämpfen, kämpfen, kämpfen war die Devise und – falls es sein musste – im wahrsten Sinne des Wortes mit Schusswaffen. Was sich zu diesem Zeitpunkt noch sehr theoretisch anfühlte, blieb aber leider keine Theorie.

Drogenflugzeug mit Kerosinkanistern

Drogenflugzeug von vorne

Erste Schussübung neben dem Flugzeugwrack

Polizeischutz auf belizianisch

Am 11. März 2021 sollte es zurück auf die Insel gehen. Tags zuvor wurden mir die Nähte aus meinem Allerwertesten entfernt. Es gab für mich keine Notwendigkeit mehr, auf dem Festland zu bleiben. Einen Ersatz für die zerschossenen Fenster hatte ich bereits bestellt, doch die Lieferung würde noch etwas dauern. Für einige Tage bis Wochen müssten daher noch die Pressholzplatten als Fensterersatz dienen. Meine Schlafzimmertüre wollte ich jedoch absperren können, und so bat ich Karel, meinen treuen Tischler, mir zur Seite zu stehen.

Da ich die Maße meiner Schlafzimmertüre verständlicherweise nicht im Kopf hatte, schickten die auf der Insel stationierten Polizisten die Abmessungen durch. In weiser Voraussicht hatte ich ihnen den Schlüssel zu meinem Haus auf der Insel gelassen. Das machte sich nun bezahlt. Karel und ich fuhren auf die Insel hinaus, diesmal allerdings nicht auf meinem Boot, sondern mit einem gemieteten Boot von Kapitän Kenroy. Meine Bemühungen, über die letzten Jahre gute Kooperationen zu bilden, fruchteten nun, denn unglaublich viele Menschen boten mir ihre Hilfe an. So lernte ich auch Kenroy besser kennen, einen der besten Tourguides und Bootskapitäne in Placencia, der sich bisher auch immer um die Touren meiner Gäste gekümmert hatte.

Kenroy war froh, etwas zu tun zu haben, denn die Pandemie nagte nach wie vor an den Touristenzahlen. Kenroy sollte demnächst eine tragende Rolle für meine Zukunft einnehmen.

Als Erstes montierte Karel die zerschossenen Fenster aus den Rahmen. Ich versuchte, mit Schaufel und Besen die unzähligen Glassplitter zu beseitigen. Die Glassplitter und winzigen Bruchstücke der Fenster waren überall. Im Sofa, in den Ritzen des Laminatbodens, auf jedem Teller, in den Fugen der Badezimmerfliesen und selbst auf dem Essbesteck. Dann ging es weiter zur Schlafzimmertüre. Wie vorauszusehen hatten die übermittelten Maße der Polizisten nicht gestimmt, und die Türe, die ich extra am Festland gekauft hatte, passte nicht. Daher reparierte Karel meine zerschossene Türe, baute das neue Schloss mit einem Schlüssel zum Entsperren ein, und ich stopfte Küchenrollenpapier in das größte Einschussloch. Es könnte mir in Zukunft ja als vorgefertigte Schießscharte dienen, dachte ich sarkastisch.

Nachdem die kaputten Fenster ausgebaut und die Schlafzimmertüre repariert waren, montierten wir noch vier starke LED-Solar-Straßenlampen entlang meines Docks und des Gehwegs der die beiden Häuser miteinander verbindet. Hatte ich es bisher genossen, den Nachthimmel und die Milchstraße in absoluter Dunkelheit zu bewundern, so verwandelte sich nun mein kleines Paradies im karibischen Ozean in eine lichtverschmutzte Behausung, wie überall anders auch auf der Welt. Vier Jahre lang hatte ich kein Licht benötigt, und meine Gäste wurden durch diese einzigartige Erfahrung in absoluter Dunkelheit ebenso verzaubert. Ich benötigte Licht weder gegen Schlangen und Skorpione noch gegen Krokodile oder mächtige Vogelspinnen. Nur gegen meine eigene Spezies musste ich mich nun mit Licht schützen. Menschen töten Menschen für ein bisschen Geld. Weil sie zu faul sind, sich ihre eigene Nahrung zu besorgen, was hier im Paradies, selbst für einen ehemaligen Bürohengst wie mich das ganze Jahr relativ einfach war. Meine Wut gegen diese feigen und faulen Nichtsnutze stieg an diesem Abend gewaltig. In ganz dunklen Momenten hoffte ich, dass sich dieses Gesindel noch einmal auf den Weg zu mir machen würde. Dann würden sie dank des Polizeischutzes ebenso unter Dauerbeschuss stehen wie ich vor wenigen Wochen. Wann immer mich solch hasserfüllte Gedanken übermannten, wuchs in mir ein wenig mehr der Wunsch, Belize zu verlassen. Dieses Land hatte meine Seele geheilt, war aber nun im Begriff, mich zu schädigen. Egal, was man mir angetan hatte, ich wollte diesen Hass nicht spüren.

Mein Ärger war aber nicht nur durch den Überfall befeuert, sondern auch durch alles, was danach geschah. Was in Belize zunehmend nervte, war das Ausnützen von mir durch Amtsträger. Obwohl ich das Opfer dieses Verbrechens war. So etwas reicht von Erpressung über Schmiergeldzahlung bis hin zu dem berühmten „Bitte gib nur, wenn es von Herzen kommt."

Das ist die nette und schlauere Variante der Bestechung. Ich hatte in den vier Jahren schon alles erlebt. Von der Feuerwehr, die mit einem korrupten Polizisten gemeinsame Sache für die Verlängerung meiner Hotellizenz machte, bis hin zu den üblichen „50 Mäusen", damit ein Beamter einen Stempel auf ein wichtiges Stück Papier drückt.

Detective Caruso war von der „Nur wenn es von Herzen kommt"-Liga und wusste genau, wann er bei mir mit seinem Privatauto stehen bleiben musste. Es war wie ein Geschäft, wo man einen Konsulenten für etwas bezahlt, was man nicht benötigt, um Dinge zu beschleunigen, die man gar nicht wollte. Er war auch der Erste, der mich fragte, ob er meine zerschossene Matratze haben könnte, nachdem er den Preis auf dem von ihm ausgestellten Report für die Versicherung gesehen hatte. Ich benötigte keine Aufnahme durch die Polizei für meine Versicherung, denn sie zahlte sowieso nicht für Schäden durch Einschusslöcher. Dennoch meinte Caruso, so ein Report wäre Pflicht. Ich durfte wieder mein Herz und das Geldbörsel öffnen, und Caruso war glücklich. Meine Matratze dem ehrenwerten Detective zu überlassen, war mir eine Freude, wollte ich dieses blutverschmierte Andenken keinesfalls behalten. Außerdem musste ich mir somit keine Gedanken um die Entsorgung machen.

Ich schickte jedoch nicht nur die Matratze mit Kenroy und Karel zurück zum Festland, sondern auch das Messer, das nicht mir gehörte. Es lag nach wie vor neben meiner Türe. Ohne es zu berühren, packte ich es – wie im Fernsehen schon als Kind von Inspektor Columbo gelernt – in eine Frischhaltefolie. In der Hoffnung, es würden von der Polizei Fingerabdrücke der Täter gefunden werden. Wobei dies selbstverständlich eine naive Annahme war. Denn während in Österreich sogar die DNA von Hunden gespeichert werden soll, um das Gackerl des verfehlten Sackerl zu analysieren und den kriminellen Hundehalter aufspüren zu können, war das Aufspüren von Fingerabdrücken in Belize noch immer eine Sache für Sonderspezialeinheiten. Oder jemand anderer hatte sein „Herz geöffnet", und deswegen gelangte das Messer von Caruso nie zur Spurensicherung. Bald ergab sich diesbezüglich ein klarer Verdacht.

Nachdem Karel die wichtigsten Tischlerarbeiten abgeschlossen hatte, nahmen mich am nächsten Tag die stationierten Polizisten auf ein leer stehendes Nachbargrundstück mit, um diesmal ein professionelles Schuss- und

Zieltraining durchzuführen. Karel hatte uns tags zuvor ein mobiles Gestell aus Holz für die Zielscheibe gebaut. Meine Nachbarn wussten noch nicht, dass ich zurück war. Sehr wohl hatten sie aber bereits die Polizisten kennengelernt, die um die Insel patrouillierten. Insofern war das die perfekte Möglichkeit, ein Schusstraining zu absolvieren, ohne den Nachbarn auf die Nase zu binden, dass ich nun Waffen besaß. Denn Waffen wären erneut ein Grund gewesen, mich zu überfallen. Bootsmotoren und Waffen, die beiden Leckerlis für belizianische Kriminelle.

Wir starteten das Training mit der Pistole. Der erste Schuss traf genau in die Mitte, danach wich ich immer weiter ab. Es war verdammt schwierig, durch den Abzug mit dem Finger die Waffe nicht zu bewegen. Nach der Pistole kam die Pumpgun an die Reihe. Hier war das Verfehlen des Zieles unmöglich, und jeder Schuss traf. Obwohl ich nur den billigen Vogelschrot zum Üben verwendete, fiel bei jedem Treffer Karels Zielscheibe fast um.

Ich weiß nicht, ob meine zweite Nacht auf der Insel ruhiger verlief als die erste. Es war ungewohnt, bewaffnete Polizisten auf dem Grundstück zu haben. Mali blieb zum Glück immer bei mir. Auch sie war noch sehr nervös und schlief sehr schlecht. Bei jedem Geräusch schreckte sie hoch, was zu einem permanenten gegenseitigen Aufwecken führte. Zwei Tage nach meiner Rückkehr auf die Insel zog die Spezialeinheit GI3 wieder ab, und es war nicht ganz klar, wann eine neue Einheit eintreffen würde. Somit hatten Mali und ich nun die erste Nacht keinen Polizeischutz. Auch wenn wir das tagsüber sehr genossen, so war es nachts deutlich angespannter. Jedes Geräusch, jedes Knistern und jedes Knacken ließen mich hochschrecken. Die zwei Kameras, die ich bisher nur halbherzig verwendet hatte, waren unter meinem Haus neu positioniert. Damit stellte ich sicher, dass mir nicht noch einmal jemand unter dem Haus auflauern konnte.

Seit dem Überfall war der Einbruch der Dunkelheit weiterhin ein Pulsbeschleuniger. Ich hätte Mali eher in das Schlafzimmer kacken lassen, als bei Dunkelheit die Stiegen hinabzugehen. Ohne Waffen wäre ich keine Sekunde auf der Insel geblieben. Noch etwas wurde mir bewusst: Eindringlinge zu attackieren, funktionierte nicht, wenn sie die Stufen heraufgelaufen kommen und mich überraschen.

Dementsprechend benötigte ich ein Tor für meinen Stiegenaufgang. Daher bastelte ich bereits an einem Plan, wie ein Tor aussehen müsste, um Angreifern den Zugang auf meine Terrasse zu verwehren. Nach und nach verwandelten sich meine Pläne in die Zeichnung eines Forts, einer Festung, einer Burg. Das Einzige, was noch fehlte, wäre ein Burggraben mit Krokodilen gewesen. Am Ende zerknüllte ich all die Papiere und warf sie weg. Erneut schnürte sich eine Art Schlinge um meinen Hals und in meinem Kopf flüsterte eine leise Stimme: „So willst Du nicht leben, das bist nicht Du, deswegen bist Du nicht auf eine einsame Insel ausgewandert." Das Einzige, was von meinen Zeichnungen übrig blieb, war ein Plan für die Türe beim Stiegenaufgang.

Am nächsten Morgen sah ich mir das Gästehaus an. Es war von den Polizisten so hinterlassen worden, wie befürchtet. Belizianer verwenden beim Kochen ungefähr so viel Fett wie ich in einem ganzen Jahr. Dementsprechend sah der neue Herd nun aus, als hätte er die Kolonialkriege miterlebt. Der neue Kühlschrank war ebenfalls in einem bedauernswerten Zustand. Am meisten ärgerte mich, wie sie mit meinen teuren Kajaks umgegangen waren. Sie waren in den Mangroven zurückgelassen worden und durch die Wellen wurden sowohl das Deck als auch meine Kajaks beschädigt. Die Meisterleistung an Intelligenz war jedoch die Verwendung meiner Kurzhanteln. Diese waren aus Eisen und wurden als Anker für die Kajaks verwendet. Nicht einmal beim Abzug von der Insel hatten die Polizisten die Motivation, sie aus dem Salzwasser zu heben. Meine Hanteln waren somit völlig verrostet, nachdem sie drei Hurrikans unbeschadet überstanden hatten. Auch den Müll der letzten zwei Wochen hatten die Polizisten nicht mitgenommen. Mehrere stinkende Säcke unter meinem Gästehaus waren ein Festmahl für all die Insekten, Vögel und Reptilien.

Am 15. März 2021 erreichte mich eine aufregende Nachricht von Detective Caruso: Mein Bootsmotor war gefunden worden! Die Küstenwache hatte ihn aufgespürt, nachdem sie mehreren Hinweisen nachgegangen war. Carusos erste Frage an mich war: „Wie hoch ist die Belohnung?"

In Europa ist es unvorstellbar, wenn Polizisten nach der Erledigung ihres Jobs nach einer Belohnung fragen, aber in Belize ist das ganz normal. Die Frage schmerzte dennoch und zeigte mir abermals, als was ich gesehen wurde. Nicht als Opfer eines Raubüberfalls, sondern als weiße Melkkuh. Und ich hatte wirklich absolut kein Geld mehr zur Verfügung, denn die gesammelten Spenden gingen vollends zur Deckung meiner Krankenhauskosten drauf und zur Rückzahlung an meine Freunde Robyn und an Yannick. Das Geld für die Waffen deckte ich über eine Erhöhung meines Schuldenstandes. So erklärte ich Caruso, dass es nie eine Belohnung gegeben hatte, und erinnerte ihn, nach einem Jahr ohne Einkommen ausgeraubt worden zu sein. Irgendwann würde er es verstehen, dachte ich mir. Nun gut, der Kriminalpolizist Caruso witterte dennoch

Geld, und so setzte er sich in Placencia sofort in sein Auto, um den Motor zu begutachten. Nach Überprüfung der Seriennummer wurde bestätigt, dass es sich um meinen Motor handelte. Noch bevor ich meinen Mechaniker für einen Transport kontaktieren konnte, hatte Caruso diese 18.000 US-Dollar teure Maschine bereits auf einen Pickup-Truck der Polizei gehievt. Ohne Gummipuffer, Matratzen oder sonstigem Schutz. Was die Diebe an Schäden vermieden hatten, hatte die Polizei erfolgreich hinbekommen. Es gab kaum einen Teil des Motors, der nicht zerbrochen war. Der Schaden betrug nach einer ersten Schätzung an die 4.000 US-Dollar. Dennoch war Caruso stolz, so schnell vor Ort gewesen zu sein und meinen Motor zurückgebracht zu haben. Ich hatte nun meinen Bootsmotor wieder und mein Ärger war daher nicht überbordend. Beeindruckend war die Tatsache, dass der Motor aufgespürt werden konnte, was bedeutet hatte, die Polizei – nicht mein Detective – muss irgendeiner Spur nachgegangen sein. Detective Caruso erhielt zumindest „Spritgeld" von mir. Nach wie vor wollte ich es mir nicht mit ihm verscherzen.

Zwei Tage später zog eine neue GI3-Einheit in mein Gästehaus auf der Insel ein. In der Verantwortung war Detective Constable Tubo. Ich hoffte auf einen vertrauenswürdigen Ansprechpartner, doch daraus wurde nichts. Es wurde fast zu einer Plage, diese Einheit auf der Insel als Nachbarn zu haben. Die erste Frage bei der Begrüßung war: „Gibt es Bier im Kühlschrank?" Ein traumhafter Einstieg, um jemanden zu begrüßen, der seit einem Jahr kein Einkommen hatte, ausgeraubt worden war und sich mit fünf bewaffneten Polizisten in Kampfanzügen sicher fühlen wollte. Bier war ihre größte Sorge, nicht wie die Solaranlage funktionierte. Oder das Regenwassersystem. Oder das Salzwassersystem für die Toilettenspülung. Nein. Bier war für sie wichtig. Dementsprechend verliefen dann auch die nächsten vierzehn Tage.

Bereits zwei Tage nach der Ankunft wurde ich gefragt, ob es in Ordnung sei, wenn ein paar Freunde zum Grillen kommen würden. Während das Polizeiboot von der vorigen Truppe benutzt wurde, um zu patrouillieren, setzte DC Tubos Einheit das zur Verfügung gestellte Boot und Benzin sichtlich auch für das Privatvergnügen ein. Aber netter Kerl, wie ich nun mal war – und man will sich ja mit seinen schwerbewaffneten Nachbarn nicht anlegen –, stimmte ich der Idee mit den „Freunden zum Grillen" zu.

Während Tubo und ein weiterer Officer mit dem Polizeiboot nach Placencia ablegten, blieben zwei Polizisten im Gästehaus. Tubo wollte gegen 17 Uhr wieder zurück sein. Um 19 Uhr war von ihm noch nichts zu sehen, inzwischen war es allerdings stockdunkel. Die beiden Polizisten strahlten mit starken Taschenlampen vom Gästehaus Lichtzeichen in den Himmel. Obwohl es sich um eine Spezialeinheit handelte, hatten sie keine eigenen Taschenlampen. Sie nahmen meine. Wie ich schon in Bezug auf den verspäteten Flug meiner Söhne beschrieben habe, war es selbst für erfahrene Kapitäne äußerst schwierig, bei völliger Dunkelheit den Eingang in die Lagune durch die Mangroven zu finden. Ich stand auf meiner Terrasse und unterstützte mit meiner dritten Taschenlampe die Lichtsignale.

Um 20 Uhr näherte sich plötzlich ein Boot von der Vorderseite und nicht wie üblich durch die Lagune. Es war kein Polizeiboot. Die Annäherung aus dieser Richtung war untypisch. Die beiden Polizisten, die mit ihren Taschenlampen auf der Rückseite meines Grundstücks am Dock bei der Lagune standen, wurden nervös. Sie luden ihre Maschinengewehre durch und riefen mir zu, meine Pumpgun mit Munition vorzubereiten und auf der Terrasse in Deckung zu gehen. Mit meiner Rückendeckung bewegten sie sich vorsichtig über den Gehweg zurück zum Gästehaus und leuchteten das Meer ab. Das Boot kam immer näher. Die Polizisten schrien „Get ready to shoot". Mali hatte ich in der Zwischenzeit im Schlafzimmer eingesperrt. Ich war bereit, zu schießen. Dann wurde es laut. Hektisches Brüllen vom Boot, die Taschenlampen nicht auf das Boot zu richten. Die Polizisten riefen zurück, man möge sich identifizieren. Mit einem Mal wurde es still. Eine Minute lang wusste ich nicht, was jetzt passierte. Hatten sich die Polizisten in den Mangroven versteckt, um das Feuer zu eröffnen? Dann eine Taschenlampe, die sich auf mich zubewegte. Ich konnte sie aufgrund des Lichtkegels als eine meiner Lampen identifizieren.

Es folgten erlösende Worte: „Alles gut, es sind unsere Leute." Meine Pulsfrequenz senkte sich über die nächsten Stunden nur sehr langsam. Vier Jahre lang hatte ich hier das Paradies, und nun war ich ständig mit geladenen Waffen, Verschanzen und Stresssituationen konfrontiert. Die ganze Nacht ärgerte ich mich, warum DC Tubo so verspätet, in einem unbekannten Boot und von einer nicht ausgemachten Richtung, meinen Platz ansteuerte. Auf meine WhatsApp-Nachrichten hatte er nicht geantwortet. Am nächsten Morgen war mir alles klar. Die „Freunde zum Grillen" waren Prostituierte. Das Polizeiboot konnte er für diesen Transfer nicht verwenden, und er wollte auch vermeiden, dass ich seine „Freunde" sehe. Daher kam er von der anderen Richtung direkt zum Gästehaus.

Ich hatte nun vier Polizisten und vier Prostituierte in meinem Gästehaus, in dem inzwischen so viel gesammeltes Regenwasser, wie normalerweise in sechs Monaten verbraucht worden war. Ich war bereits ziemlich am

Überkochen. Die ganze Aktion gipfelte in einem weiteren Schreckmoment. Am nächsten Tag gegen Mittag fiel ein Schuss. Wurden meine Polizisten angegriffen? Meine Paranoia wurde beflügelt. Sie war nicht unbegründet, denn die Unterwelt in Belize ist gut vernetzt. Es hätte die perfekte Möglichkeit für ein Drogenkartell sein können, an die automatischen Waffen meiner Polizisten zu gelangen und mich gleichzeitig als Zeugen auszuschalten. Wo, wenn nicht auf einer einsamen Insel?

Ich versuchte DC Tubo über WhatsApp zu erreichen und erhielt keine Antwort. Es war vollkommen still in der Lodge. Daher rief ich Officer Lopez am anderen Ende von Belize an, der mir riet, mich im Schlafzimmer zu verbarrikadieren, die Waffen scharf zu machen und auf weitere Instruktionen zu warten. Polizisten würden niemals einen Schuss ohne vorherige Genehmigung abgeben. Ich zog mit scharfen Waffen ins Schlafzimmer, wo ich erst vor Kurzem im Kugelhagel fast gestorben wäre. Mali lag völlig verschreckt und ängstlich in einer Ecke zusammengerollt. Dann die Nachricht von Officer Lopez: „Alles ok, es kommen gleich Polizisten zu Dir, um die Lage zu erklären."

So sperrte ich mein Schlafzimmer wieder auf und wartete auf eine Erklärung. DC Tubo spazierte völlig entspannt mit einem weiteren Officer zu meinem Haus und erklärte mir, sie wüssten auch nicht, wo der Schuss hergekommen wäre. Sie meinten, ein Boot wäre soeben vorbeigefahren, als der Schuss zu hören war. Ich war sprachlos, musste mich aber zuerst sammeln. In den darauffolgenden Minuten allerdings wuchs mein Ärger. Wenn jemand auf einem Boot in direkter Nähe zu uns geschossen hätte, dann wären die Polizisten bereits in ihren Kampfuniformen und hätten dieses Boot gejagt. Würde jemand auf meinem oder einem benachbarten Grundstück schießen, dann wären sie ebenfalls nicht völlig entspannt wie Johnny Cool zu mir herüber spaziert.

Ich hatte ja inzwischen gesehen, was passiert, wenn sich ein unidentifiziertes Boot näherte. Das war also völliger Bullshit. Und genau mit diesen Worten konfrontierte ich dann auch DC Tubo wenige Zeit später. Ich machte meinem Ärger Luft. Sie mögen mich nicht anlügen, denn zu diesem Einsatz hier auf der Insel gehört gegenseitiges Vertrauen. Sie müssten mir vertrauen, dass ich keinen Blödsinn mache, und umgekehrt.

Wie sollte ich mich bei so einem Verhalten sicher fühlen können? Oder falls ihre Worte stimmten, wie sollte ich ruhig schlafen, wenn sie keine Leute auf Booten jagen, die schießen? Ich sagte ihnen ganz unverblümt, dass es für mich völlig klar ist, dass einer von ihnen einen Schuss abgegeben hatte. Während die anderen beiden Polizisten überaus peinlich versuchten, diesen Vorwurf zu bestreiten, konnte DC Tubo nur noch mit dem Kopf schütteln, beziehungsweise meiner Logik nickend zustimmen. Entschuldigt hatte sich von der Clown-Truppe niemand. Eines hätte ich allerdings gerne gewusst. Worauf hatten diese Idioten geschossen?

Mein Paradies war bereits mit einem gewissen Schwefelgeruch aus der Hölle getrübt, aber nun hatte ich alkoholisierte, schießwütige Idioten und Prostituierte auf der Insel. Es wäre leicht gewesen, mich zu erschießen, mir dann eine meiner Waffen in die Hand zu drücken und zu behaupten, ich hätte die Nerven verloren. Rehabilitation nach einem Überfall sah anders aus.

Die nächsten Tage verliefen dankenswerterweise etwas friedlicher. Die Polizisten hatten zu mehr Pflichtbewusstsein gefunden, und wir hatten uns, so gut es ging, aneinander gewöhnt. Der Grund, warum DC Tubo nicht mehr auf WhatsApp-Nachrichten antwortete, war sein durch Meerwasser zerstörtes Handy. Officer Lopez hatte mir immer exakte Informationen gegeben. Aber bei der Truppe von DC Tubo wusste ich nie, ob gerade jemand in der Lodge war oder nicht.

Manchmal verließ das Polizeiboot die Insel mit allen Polizisten, manchmal blieben welche zurück. Für die Polizisten war ich ein einfacher Nachbar, denn ich war immer da und hatte weiterhin kein Boot. Umgekehrt stellte sich die Situation als unbefriedigend heraus.

So überlegte ich mir ein Zeichen, um über die Anwesenheit der Polizisten Bescheid zu wissen. Ich bat DC Tubo ein spezielles Stück Bauholz an einer bestimmten Stelle zu platzieren. Würde er dieses Bauholz dort hinstellen, dann wusste ich, dass jemand im Gästehaus zurückgeblieben war. Würde er es auf den Boden legen, dann wäre absolut niemand mehr im Gästehaus.

Das Ganze war simpel und erfüllte seinen Zweck. Wie sich wenige Tage später herausstellte, war meine Vorsicht mehr als begründet.

Training mit Pumpgun und Officer Lopez auf der Insel

Die Gegenüberstellung

Am 24. März 2021 wurden meine Ersatzfenster nach Placencia geliefert. Ich organisierte den Transport der Fenster und weiterem Bauholz auf meine Insel. Einerseits freute ich mich darauf, wieder mehr Tageslicht in meinem Haus zu genießen, andererseits stand ich ab jetzt wieder in der Auslage. Bisher hatten die Pressspanplatten die kaputten Fenster ersetzt, und ich war im Wohnbereich von außen nicht zu sehen. Daher wollte ich am Tag des Einbaus der Fenster auch das neue Tor auf meinem Stiegenaufgang errichten. Um keine wertvolle Zeit für meinen Tischler Karel zu verlieren, brachte ich alles mit Kenroy in einer separaten Bootsfahrt auf die Insel. Karels Tischlerarbeit war für den 26. März 2021 ausgemacht. Ich würde wieder so etwas wie ein normales Zuhause bekommen.

Zwei Tage zuvor, nachdem der Transport von Fenstern und Bauholz mit Kenroy erledigt war, gab es plötzlich eine Sensationsmeldung in allen Nachrichten: „Acht belizianische Piraten sind von Interpol in Honduras aufgespürt und verhaftet worden. Bei ihnen wurden mehrere Bootsmotoren aus Belize gefunden. Sie werden daher sowohl mit dem spurlosen Verschwinden von vier Fischern wie dem Überfall auf Christian Gusenbauer auf Lark Caye in Verbindung gebracht." Bumm. Nie im Leben hätte ich das für möglich gehalten, aber Compol Chester „Clyde" Williams hatte die Verbrecher gefasst.

Sogleich sah ich mir die Fotos der Gefangenen an. Mir

lief ein kalter Schauer über den Rücken: Da war er! Der Typ, der meinen Bootsschlüssel unter dem Fenster gefangen hatte. Zumindest sah er ihm verdammt ähnlich. Groß, muskulös, lange gewellte Haare. Er hieß Delin und stammte aus Placencia. Sein Bruder Picaro war der Besitzer der Nachbarinsel. Jener Insel mit den beiden Hunden, die öfter zu mir herüberschwammen. Stand Delin hinter all den Bootsdiebstählen in Placencia? War dieser Typ derjenige, der meinen Bootsschlüssel gefangen hatte? Wenn ja, wäre jetzt alles geklärt. Er hatte durch seinen Bruder gute Kenntnisse über meine Lagune, meine Lebensweise und mein verstecktes Boot. Und es würde erklären, warum Picaros Arbeiter Richard die Schüsse angeblich „nicht gehört" hatte.

Noch am gleichen Abend kontaktierte mich Detective Caruso. Er wollte von mir wissen, ob ich auf den Fotos meine Angreifer wiedererkennen würde. Am Abend des darauffolgenden Tages, und somit einen Tag bevor mein Tischler Karel kommen sollte, nahm Caruso mit mir hektisch Kontakt auf. Ich müsse am nächsten Morgen um 6 Uhr in der Früh auf der Polizeistation in Placencia sein. Das Polizeiboot von DC Tubo würde mich hinbringen. In der Provinzhauptstadt Dangriga, eine Autostunde von Placencia entfernt, sollte ich den Täter identifizieren.

Eine Gegenüberstellung durch einen Einwegspiegel. Mein Herz begann zu rasen. Ich sollte jene herzlosen Seelen sehen und identifizieren, die mich umbringen wollten? Caruso meinte, ich würde vollen Polizeischutz genießen.

Als Erstes versuchte ich, einen Aufpasser für Mali zu finden. Sie alleine – beziehungsweise mit den Polizisten – auf der Insel zu lassen, war völlig ausgeschlossen. Noch nie hatte ich sie auf der Insel zurückgelassen, denn würde mir etwas passieren, würde sie im Haus verdursten.

So kontaktierte ich abermals Brice, die Vorbesitzerin, die sich sofort bereit erklärte, Mali am nächsten Morgen in Obhut zu nehmen. Dann gab ich noch Karel und Kenroy Bescheid, dass wir die Arbeiten verschieben müssten.

Die folgende Nacht war fürchterlich. Immer und immer wieder ging ich den Angriff gedanklich durch, versuchte mich an alle Details zu erinnern. Erst gegen 2 Uhr in der Früh konnte ich einschlafen. Dann ging es Schlag auf Schlag. Abreise um 5:30 Uhr von der Insel nach Placencia in Begleitung von zwei Polizisten in Kampfuniform. Und dann passierte erst einmal gar nichts. Warten auf den Kriminalpolizisten Caruso. Um 7 Uhr trudelte er langsam ein. Mit uns fuhren dann Detective Confiable und ein junger Officer mit dem Spitznamen Shorty.

Ich war angespannt, übernächtig, nervös und genervt von der Trödelei. Man kennt ja diese coolen Verhörräume mit Mikrofonen und Einwegspiegeln aus den Filmen. Aber ich war in Belize. Wo sich die Polizei nicht einmal das Benzin für ein geborgtes Polizeiboot leisten konnte. Wie sollte ich mir also einen Einwegspiegel in Belize vorstellen? Ich muss gestehen, meine Befürchtungen wurden noch übertroffen.

Mali gab ich mit großer Verspätung bei Brice ab. In Dangriga angekommen, geschah erneut zunächst absolut nichts. Ich wartete im Freien und mein Kopfkino spielte die schlimmsten Episoden von Breaking Bad durch. Ich hatte in meinem Innenhalfter meine Pistole mit. Natürlich ging ich davon aus, die Waffe im Polizeigebäude abgeben zu müssen. War aber nicht so. Ich wurde von den Polizisten bei meiner entsprechenden Rückfrage nur verdutzt angesehen. „Warum? Du hast eine Speziallizenz. Du kannst sie überall tragen."

Ich erfuhr, dass die Gefangenen erst am Vortag von

Honduras überstellt worden waren. Es war alles noch „top secret“. Während ich im Hof der Polizeistation in Dangriga wartete, huschte auf einmal ein maskierter Mann sehr knapp an mir vorbei. Ich dachte mir anfangs nichts dabei. Aufgrund der Pandemie-Maßnahmen hatten alle Personen einen Mund-Nasen-Schutz im Gesicht. Aber diese Person hatte eine Bandana über das gesamte Gesicht gezogen. Außerdem trug der Mann eine verspiegelte Sonnenbrille und darüber eine Kappe. Es war absolut nichts vom Gesicht dieses Mannes zu erkennen. Er grüßte mit „Hallo Gigi, ich hoffe, es geht dir gut“ und verschwand so schnell, wie er aufgetaucht war. Ich dachte mir, dass es sich entweder um einen Bekannten aus Placencia handelt oder jemanden, der mich aus den Nachrichten kannte und freundlich sein wollte. Weitere Gedanken machte ich mir nicht, war aber froh, meine Waffe bei mir zu haben. Denn der Polizeihof war in keiner Weise abgesichert und lag direkt neben der Hauptstraße.

Meine drei Polizisten aus Placencia schlugen vor, uns ein Frühstück zu genehmigen. Wir fuhren zu einem Tacos-Stand. Danach ging es wieder zur Polizeistation zurück. Nur wenige Minuten später wurde ich in das Büro des Kommandanten begleitet. Endlich passierte etwas. Der Raum lag im ersten Stock und dort wartete ein weiterer Polizist auf mich. Er zappelte herum und huschte von einer Ecke in die andere. Kokain hätte das Verhalten wohl am ehesten erklärt. Der Polizeikommandant, eine wuchtige Persönlichkeit, dessen Bürosessel die ganze Last des Gesetzes stemmen musste, war hingegen ruhig. Stolz auf seine Technik, bat er mich zu seinem großen Bildschirm: „Hier siehst Du gleich über die Kamera alle Gefangenen, wie sie den Zellenblock verlassen. Sie werden einige hundert Meter zur Einwanderungsbehörde gehen müssen, aber hier im Polizeigelände kann ich sie Dir aus allen Perspektiven zeigen."

Nervös wartete ich, dass die Gefangenen über den Vorhof schreiten würden. Da waren sie. Laut Polizeikommandanten nahezu allesamt Schwerverbrecher. Und wumm: Sofort fiel mir Delin auf. Auf den Polizeifotos hatte er eine etwas zu helle Haut im Vergleich zu jener Person, die in besagter Nacht unter meinem Fenster war. Aber hier in natura sah er nun meinem Angreifer so ähnlich wie es die Lichtbedingungen in der Nacht des Überfalls zulassen konnten. Und es war die gleiche Perspektive wie bei meinem Fenster. Er stand schräg unter mir. Die gleiche muskulöse Schulterpartie und der definierte Bizeps, die auffallende Größe und das lange, gewellte Haar. Es war erschreckend. Das war er! So viele Zufälle konnte es nicht geben. Nun war da ein Typ aus Placencia, der meinem Angreifer unglaublich ähnlich sah und dessen Bruder Picaro die Nachbarinsel besaß. So viele Zufälle auf einmal hätten der Wahrscheinlichkeit eines Lotto-Sechsers entsprochen.

Nach meinen ersten Reaktionen bedankte sich der Polizeikommandant. Meine drei Polizisten aus Placencia und ich wechselten daraufhin in ein provisorisch zur Verfügung gestelltes Büro, wo normalerweise wohl nur eine Person Platz hatte. Dort sollte ich noch einmal ein „erweitertes Interview" führen, das ausschließlich der Täterbeschreibung gewidmet war. Als Caruso sich hinter den Computer setzen wollte, drängte sich Detective Confiable dazwischen und meinte: „Bitte lass mich das machen, sonst sitzen wir noch übermorgen hier."

Das war eine Wahrnehmung, die für den weiteren Verlauf des Tages interessant sein sollte und auch die vergangenen Wochen aus einem anderen Winkel beleuchtete. Über eine Stunde lang versuchte ich, mein Bestes zu geben. Es zeichnete sich ab, dass sich meine Beschreibung mit dem Aussehen von Delin deckte. Danach hieß es erneut, im Polizeihof zu warten. Die Mittagssonne brannte inzwischen erbarmungslos auf mich herab, und ich war gespannt, wie lange sich noch alles hinziehen würde.

Auf einmal kam wieder die vermummte Person auf mich zu und begrüßte mich ein zweites Mal. Da fiel es mir wie Rost von unveredeltem Stahl. Es war Picaro, der Bruder von Delin. Deswegen die Vermummung. Mein Puls stieg. Ich wollte keine Informationen über den Ablauf des Tages und den Grund meiner Anwesenheit preisgeben. Es war auch eigenartig, wie mich der Bruder des möglichen Hauptverdächtigen hier im Polizeihof so einfach ansprechen konnte. Picaro sagte, er wäre hier, um seine Waffenlizenz zu erneuern.

Nun startete in meinem Kopf das Durchspielen von Szenarien und Strategien. Ich überlegte, ob er meine Pistole im Innenhalfter durch das T-Shirt durchsehen sollte oder nicht. Blitzschnell versuchte ich zu entscheiden, was für diese Situation und auch für die Zukunft die beste Strategie war. Sollte ich ihn als möglichen Angreifer subtil wissen lassen, dass ich inzwischen bewaffnet war, oder besser nicht. Ich entschied mich für die zurückhaltende Variante und drehte mich so, dass die zarten Windbewegungen auf meinem T-Shirt möglichst nicht den Griff der Waffe abzeichnen ließen. Picaro fuhr fort „... aber sie haben heute keine Zeit, meine Lizenz zu erneuern."

Erneut ratterte es in meinem Gehirn. Wollte er mir nun Angst machen oder wollte er eventuell auf lächerliche Weise suggerieren, dass auch er nun Sorge vor möglichen Angriffen auf unsere Inseln hatte? Seine nächsten Worte waren dann eindeutig: „Weißt Du, mein Bruder hat wirklich nichts mit dem Überfall auf Dich zu tun. Er war nur in Honduras, um ein paar Leute zu treffen. Und es war auch viel zu dunkel für Dich, jemanden zu erkennen." Wadabumm. Ich habe eine Waffe, mein Bruder ist unschuldig und Du hast niemanden erkannt. Wenn man eine verschlüsselte Botschaft übermitteln wollte, die keine Straftat darstellte, so war das vollständig gelungen. Offensichtlich hatte Picaro Übung darin.

Ich war perplex und wusste nicht, wie ich reagieren sollte. Picaro blickte mich, auf eine Antwort wartend, durch seine verspiegelte Sonnenbrille an. Ich musste mich sehr zurückhalten, ihm nicht seine Fresse zu polieren, um meinen Gemütszustand ohne Political Correctness auszudrücken. Nachdem ich zwei Sekunden mit meiner Antwort zögerte, konnte ich aber nicht anders und ließ ihn wissen: „Also erstens glaube ich nicht, dass ich Dir irgendeine Information über den Ablauf der Ermittlungen geben sollte, und zweitens kannst Du wohl in meinen Augen sehen, dass Du die Wahrheit nicht wissen willst." Diesmal wusste Picaro nicht, wie er reagieren sollte. Er nickte halbherzig. Mit einem in der Pandemie üblichen Ellbogen-Bump verabschiedeten wir uns.

Ich benötigte einige Minuten, um mich zu sammeln, hielt es dann aber für richtig, die Polizei über das eben Geschehene zu unterrichten. Das war gleichzeitig auch das Ende meines Hof-Abstellgleises. Ich wurde umgehend in der Polizeistation „in Sicherheit" gebracht. Hier nahm der Tag einen noch skurrileren Verlauf. Es begannen die Interviews mit den Verhafteten, abwechselnd geführt von Detective Caruso und Detective Confiable. Ich war nicht dabei und lungerte auf einem Sofa herum. Während Confiable für jede Befragung zwanzig Minuten benötigte, war Caruso manchmal für mehr als eine Stunde verschwunden. Wobei er nicht nur bei den Inhaftierten war, nein, aus irgendeinem Grund spazierte er auch durch Dangriga. Nur ein Schelm würde auf die Idee kommen, dass Caruso deswegen durch den Ort spazierte, um Geld von den Angehörigen der Verhafteten einzusammeln.

Als Delin an der Reihe war, führte die Befragung ebenfalls Caruso und nicht Detective Confiable durch. Diesmal kam Caruso allerdings direkt zurück ins Büro und begann völlig unverblümt von der Befragung zu erzählen. Delin habe ein Alibi für den Abend des Angriffs, seine Freundin hätte dies bereits bestätigt. Außerdem hatte er einen Grund, nach Honduras zu reisen, denn beim letzten Aufenthalt hatte er vergessen, bei der Ausreise seinen Pass abstempeln zu lassen. Wie bitte, was? Wollte mich Caruso verarschen? Was wurde hier gespielt?

Ich begann skeptische Fragen zu stellen, wie zum Beispiel, ob Delins Handy überprüft worden sei, um seine Geschichte zu checken. Caruso antwortete, die Telefone seien von der Polizei in Honduras konfisziert worden. Ich fragte nach, ob er dies überprüft hätte. Denn wenn das nicht der Fall sei, dann hätte Delin gelogen. Daraufhin erklärte mir Caruso, mit Telefonen könnten sie sowieso nichts anfangen, denn das Gesetz macht eine Überprüfung so gut wie unmöglich. Nach und nach bekam ich den Eindruck, dass ich hier möglicherweise in eine Richtung gelenkt werden sollte. Hatte Delins Familie Detective Caruso bereits bestochen? Schwirrte Picaro deswegen den ganzen Tag um die Polizeistation herum? Die Familie von Picaro und Delin war sehr wohlhabend.

Mich beschlich nach und nach ein ungutes Gefühl. Confiable wurde das Ganze offensichtlich auch zu bunt. Ob er mich schützen wollte, oder ob er nur ein weiteres Werkzeug war, konnte ich nicht herausfinden. Jedenfalls meinte er in der Sekunde, wo Caruso das Büro verlassen hatte: „Komm, wir gehen Auto fahren. Das hier ist nicht gut für dich. Du solltest dich entspannen. Das hier ist einfach nicht gut für dich."

Und so stieg ich mit ihm ins Auto, wir unterhielten uns über mein Auswandern und über seinen Job. Dann besorgten wir etwas zu essen und fuhren zur Polizeistation zurück. Caruso war erneut nicht aufzufinden, abermals spazierte er durch Dangriga, während noch mehrere Befragungen offen waren. Confiable war sichtlich angepisst oder spielte seine Rolle perfekt. Als Caruso dann wieder zurück in das Büro gefunden hatte – oder seine Nase das mitgebrachte Essen roch – eröffnete er mir, dass es heute wohl keine Identifikation mehr geben würde. Es wäre kein Einwegspiegel vorhanden, und wir müssten am nächsten Tag um 5 Uhr in der Früh nach Belize City aufbrechen. Dort im Gefängnis gäbe es einen Einwegspiegel, und dann könnte ich die Identifizierung durchführen. Mir fiel die Kinnlade herunter. Wozu war ich hier? Warum hatte man mich von der Insel gescheucht? Um in einem Büro zu warten, während Gefangene von der Polizei befragt werden? Dass es in Dangriga keinen Einwegspiegel gab, beziehungsweise auch den entsprechenden Raum nicht, musste doch bekannt gewesen sein? Oder war ich hier, um in eine Richtung gesteuert zu werden? Dieses Gefühl wurde immer dominanter.

Ebenso erklärte man mir, heute nicht mehr auf die Insel zurückkehren zu können, um am nächsten Tag um 4 Uhr in der Früh starten zu können. Ich musste jedoch nach wie vor blutverdünnende Medikamente einnehmen, um Thrombosen und Embolien zu verhindern. Diese Medikamente waren auf der Insel. Ebenso wie Kleidung zum Wechseln, meine Zahnbürste und alles andere, was man so über Nacht benötigt. Und Mali? Ich müsste Brice fragen, ob sie Mali über Nacht behalten könnte, denn es wäre für sie völlig unverständlich, sie spät abends abzuholen, um sie dann früh morgens wieder zu Brice zurückzubringen. All das ging mir durch den Kopf.

Obwohl sich in mir bereits alles dagegen wehrte, versuchte ich ein braver Zeuge zu sein. Also begann ich eine Übernachtungsmöglichkeit zu suchen und fragte Brice, ob sie Mali noch einen Tag und eine Nacht beaufsichtigen könnte, was zum Glück möglich war. Übernachten konnte ich erneut bei meinen österreichischen Freunden Herb und Simone. Dann besorgte ich mir noch Zahnpasta, Zahnbürste, Deo und andere Kleinigkeiten. Mein Bauch sagte mir, dass hier etwas nicht stimmte.

Die Stunden vergingen. Caruso gab sein Bestes, den Tag hinauszuzögern, während Confiable immer unrunder wurde. „Wo ist er schon wieder?“, war mehrmals aus seiner Richtung zu hören. Shorty hingegen ließ keine Gelegenheit aus, mich darauf hinzuweisen, dass ich nächsten Tag mit Sicherheit auch nicht auf meine Insel zurückkommen würde.

Entweder hatten die drei Polizisten keine Lust, dreieinhalb Stunden nach Belize City zu fahren, oder man wollte es mir so ungemütlich und zermürbend wie möglich machen. Das Messer, das ich gefunden hatte und Caruso zur Überprüfung von Fingerabdrücken geschickt hatte, hatte sein Ziel auch nie erreicht. Niemand wusste etwas davon. Meine Gedanken pendelten zwischen der Inkompetenz eines Entwicklungslandes und dem Verdacht eines schmutzigen Spiels hin und her. Caruso erklärte mir zudem, dass Delin mit Sicherheit nicht wegen versuchten Mordes angeklagt werden würde, sondern höchstens wegen Diebstahl. Erst gegen 20 Uhr konnte ich die Polizeistation in Dangriga verlassen. Vorher war Caruso erneut für eine ganze Stunde spurlos verschwunden. War ich der Einzige, dem das komisch vorkam? Oder spielten die drei zusammen das perfekte Spiel?

Vollends zermürbt und genervt war ich, als auf der Rückfahrt Shorty plötzlich noch darum bat, einen Umweg zu machen. Er könnte in Hopkins gratis Abendessen abholen, denn er wäre zurzeit „broke", also pleite. Dieser Umweg kostete samt Trödelei dann eine weitere Stunde. Als ich bei meinen Freunden Herb und Simone schlussendlich abgeliefert wurde, war ich wohl in einem ähnlich schlechten Zustand wie an dem Abend des Überfalls. Meine österreichischen Freunde hatten ein unglaublich gutes Abendessen für mich zubereitet, und wir unterhielten uns über die Geschehnisse. Herb und Simone hatten mit Einbruchsdelikten und auch der Polizei und der Justiz über die letzten dreizehn Jahre viel Erfahrung gesammelt. Nachdem ich den Ablauf des Tages in allen Details geschildert hatte, war es kristallklar, was ich zu tun hatte. Nichts. Ich sollte absolut nichts tun.

Die ganze Geschichte roch extrem nach einem abgekarteten Spiel. Ich müsste über Monate bis Jahre regelmäßig nach Belize City zum Gerichtsgebäude pendeln, um auszusagen. Der Verteidiger würde mich zerlegen und meine Zeugenaussage anzweifeln. Es wäre viel zu dunkel gewesen, um jemanden eindeutig zu identifizieren. Und da es in Belize keine Staatsanwaltschaft gibt, müsste ich selbst die Anklage erheben. Unendlich viel Stress, den ich weder organisatorisch noch finanziell bewältigen könnte. Am Ende würde es kein Ergebnis geben. Der Hauptgrund, nicht auszusagen, war jedoch ganz ein anderer: Wenn meine Annahmen stimmten, und die Polizisten mit der Familie von Delin gemeinsame Sache machten, dann war ich höchst gefährdet. Würde ich jedoch die Identifikation ablehnen und zu Protokoll geben, es war damals zu dunkel, um jemanden zu erkennen, wäre ich keine Zielscheibe mehr.

Dementsprechend schickte ich Detective Caruso die Nachricht, dass ich am nächsten Tag nicht nach Belize City mitkomme und ich die Identifikation des Räubers aufgrund der Dunkelheit ablehne. Caruso las meine Nachricht, war für eine Minute offline und schrieb dann umgehend zurück: „Wir respektieren Deine Entscheidung, danke für die Information."

Das war es dann. Ob meine Entscheidung richtig war, werde ich wohl nie erfahren. Aber alleine die Gefahr zur Zielscheibe von korrupten Polizisten und von Familienbanden zu werden, war Grund genug, dieses Risiko nicht einzugehen.

Plötzlich hatte ich keine Magenkrämpfe mehr. Zuviel war an diesem Tag passiert. Das merkwürdige Verhalten der Polizisten, der nicht vorhandene Einwegspiegel, wegen dem ich eigentlich den Trip unternommen hatte und die Botschaft von Picaro waren ein Wink mit dem Zaunpfahl. Die darauffolgende Nacht konnte ich dennoch nicht gut schlafen. Was, wenn Caruso die Familie von Delin darüber informiert hatte, dass die Aussage am nächsten Tag erfolgen würde? Caruso wusste, wo ich die Nacht verbringen würde. Was, wenn er Delins Familie nicht rechtzeitig mitteilen konnte, dass ich es mir doch anders überlegt hatte? Was, wenn bereits Killer um das Gelände verteilt waren, um mich als Zeugen auszuschalten? Das Haus, in dem ich freundlicherweise gratis übernachten durfte, hatte keine Fenster. Es war in alle Richtungen offen und nur mit Fliegengittern gegen Insekten abgesichert. Und um mich herum war Dschungel. Ich war nahe am Halluzinieren.

Immer wieder sagte ich mir, wenn jemand kommt, nicht

schießen. Du erschießt sonst mit hoher Wahrscheinlichkeit jemand Unschuldigen. Dennoch lag meine Pistole neben mir in Griffweite. Gegen 3 Uhr in der Früh schlief ich ein, um 5 Uhr war ich bereits wieder wach. Alles, was ich wollte, war Mali abzuholen und auf die Insel zurückzukehren. Auf einmal erschien mir meine Insel wieder als der sicherste Platz in Belize, was er vermutlich auch war. Um 7 Uhr waren Mali und ich bereits auf Kenroys Boot, der uns zurück auf die Insel brachte. Um 8 Uhr war der Horrortrip zu Ende. Alles, wonach ich mich sehnte, war Ruhe und Frieden.

Wie es weitergehen sollte, war allerdings völlig unklar.

Im Zeugenschmutzprogramm

Es war eine Wohltat. Nach dem Horrortrip in Dangriga hatte ich ein paar Tage Ruhe. Die Polizeieinheit war einstweilen von der Insel abgezogen. Das Sponsoring des Privatunternehmens für das Boot und das Benzin für die Polizei war beendet worden. Wenn die Finanziers gewusst hätten, was ich wusste, hätten sie das Geld vermutlich bereits am zweiten Tag des Einsatzes von DC Tubo entzogen. Wobei ich auch nicht unfair sein will. Neben den privaten Vergnügungen hatte die Spezialeinheit nahezu täglich in den umliegenden Gewässern patrouilliert. Die unbeleuchteten Boote, die vor meinem Überfall fast jede Nacht zu hören waren, hatten die Gegend verlassen.

Ohne Polizei – ganz besonders dieser Truppe – war es jetzt wesentlich entspannter. Kein nächtliches Eintrudeln an meinem Dock von Männern in Kampfanzügen, keine Taschenlampen, die in mein Schlafzimmer leuchteten und keine Sorgen um den Zustand meines Gästehauses. Natürlich waren meine Sensoren zu jeder Sekunde in höchster Alarmbereitschaft, denn nun war ich auf mich allein gestellt, falls es zu einem neuerlichen Angriff kommen sollte. Was mich jedoch beruhigte, war die Übersiedlung der Küstenwache auf eine Insel, die nur wenige Minuten von mir entfernt war. Nun würde es keine zwei Stunden dauern, bis Hilfe käme. Das wusste inzwischen jeder in der Umgebung. Die erhoffte Entspannung hielt allerdings nicht lange an. Die erste gerichtliche Anhörung der Gefangenen stand bevor. Datum kannte ich keines, aber sicher war, dass alle Beteiligten schon sehr nervös waren.

Bereits am Tag nach der vermeintlichen Gegenüberstellung erhielt ich eine Nachricht über den Facebook-Messenger. Eine junge Dame wollte mit mir telefonieren. Ihr Nachname kam mir irgendwie bekannt vor: Palacio. Den Namen hatte ich doch in Dangriga gehört? Ich war jedoch seit dem Überfall auf absolute digitale Tauchstation gegangen. Keine hübschen Bilder und Videos mehr von der Insel. Nun konnte man nicht mehr sehen, wann ich mich wo aufhielt, und ich teilte auch sonst keine meiner Befindlichkeiten als Robinson Crusoe mehr in sozialen Netzwerken.

Da mir der Name Palacio bekannt vorkam, schrieb ich Detective Caruso an und fragte ihn, ob ihm der Name auch bekannt vorkam. Es kam nichts. Keine Antwort auf meine Frage, nur unnötiger Small Talk, der immer irgendwo dazu führen sollte, mein Herz zu öffnen. Der Typ hätte besser Herzchirurg werden sollen, bei so vielen Herzen, die er täglich zu öffnen versuchte.

Nachdem von Caruso keinerlei Hilfestellung zum Namen Palacio zu erhalten war, schrieb ich dem Mädchen zurück. Ich erklärte ihr, ich würde nicht telefonieren, jedoch könnte sie mir schreiben. Natürlich war ich neugierig, was sie von mir wollte, auch wenn alle Alarmglocken schrillten. Sie antwortete. Sie war die Lebensgefährtin einer der Verhafteten. Im Namen der Familien – ja Mehrzahl – wollte sie mir mitteilen, dass alle unschuldig seien und nichts mit dem Überfall auf mich zu tun hatten. Dies war eine jener Situationen, wo meine Schwachstellen sehr klar ans Tageslicht kamen. Ich kannte dieses Mädchen nicht. Sie schien nett zu sein und ihrem Lebensgefährten zu glauben. Von den Verhaftungsfotos hatte ich auch nicht das Gefühl, dass ihr Freund einer der Schützen war.

Ich hätte absolut nichts antworten müssen, aber selbst in so einer Situation wollte ich nicht unhöflich sein. Hätte ich nichts geantwortet, wäre sie vermutlich davon ausgegangen, dass ich meine Angreifer identifizieren würde. Gleichzeitig wollte ich nicht zu eindeutig erklären, dass ich niemanden identifizieren werde. Ich wusste ja nicht, mit welchen Beweisen die Polizei noch kommen würde. Daher versuchte ich in einem Mittelweg möglichst freundlich zu sein und ließ anklingen, dass es zu dunkel war, um jemanden zu hundert Prozent zu identifizieren, und die Sache für mich erledigt war. Gleichzeitig redete ich ihr ins Gewissen, falls sie jemals den Verdacht haben könnte, dass ihr Freund auf meiner Insel war, so schnell und weit wie möglich zu laufen. Das Mädchen war von meiner Antwort sichtlich erleichtert und bedankte sich überschwänglich. Dieses Mädchen war jedoch nur der Anfang des Fluchs meiner Bekanntheit.

Dann ging es los. Auch andere Familienangehörige der Häftlinge begannen mich zu kontaktieren. Sie fanden meine Handynummer heraus, und ich bekam Nachrichten über sämtliche Messenger-Dienste. An manchen Tagen kam ich mit dem Blockieren kaum mehr nach, und während ich zu dem Palacio-Mädchen noch freundlich war, reagierte ich auf die anderen Kontaktversuche nicht mehr. Es wurde mir eindeutig zu heiß. Ich wollte keinesfalls, dass man erkennen konnte, wo ich mich aufhielt, und ob die Polizei noch bei mir war. Was bei diesen fremden Personen relativ leicht ging. Bezüglich der Familie jenes Mannes, den ich eindeutig erkannt hatte, war das wesentlich schwieriger.

Während die Hunde von Picaro die Jahre zuvor nur ein- oder zweimal pro Monat zu mir schwammen – ich brachte sie jedes Mal mit meinem Boot zurück – waren sie nun alle paar Tage zu Besuch. Was bedeutete, dass Picaro sie abholen musste, denn ich hatte ja kein Boot. Die Boote von Picaros Familie kreisten über Wochen um meine Insel herum. Sie wussten genau, ob noch Polizeieinheiten bei mir stationiert waren oder nicht. Für Picaro schien ein nettes Spiel begonnen zu haben, mich zu zermürben. Er wusste, dass ich kein Boot hatte und konnte immer gut ausspionieren, wo ich war, wann ich schlafen ging, wer noch bei mir war und wann ich allein war. Seine Hunde waren das perfekte Mittel zum Zweck. Ich konnte ihm keinerlei Vorwürfe machen. Und es ging keine direkte Bedrohung von ihm aus – noch nicht.

Meine Nerven waren zunehmend angeschlagen. Ja, ich wollte die Insel für meine Freunde, denen ich so viel Geld schuldete, verteidigen, aber meine Lebensfreude litt zunehmend darunter. Ich ging nicht mehr Speerfischen, denn ich musste zu jeder Sekunde kampfbereit sein. Würde mich jemand überfallen wollen, würde er auf einen Moment der Unachtsamkeit warten. So verbrachte ich die gesamte Zeit nur noch auf meiner Terrasse. Ein Tag glich dem anderen. Einmal pro Stunde ging ich mit Mali Frisbeespielen, stets jedes Mangrovenblatt beobachtend, ob sich jemand aus dem Dickicht anpirschte. Abendliches Fernsehen genoss ich auch nicht mehr, denn ich wollte die verdächtigen Geräusche von außerhalb wahrnehmen. Es gab überhaupt keine Freude mehr und war nur noch ein Warten, dass jemand die Insel kaufen würde. Was nach dem Überfall ein nicht sehr realistisches Szenario für die nahe Zukunft war.

Hie und da bekam ich Besuch von Freunden, die ich wirklich gut kannte und denen ich vertraute. Sie erzählten mir, was am Festland vor sich ging. Vor allem, was den Banditen Delin betraf. Er war kurz davor, auf Kaution frei gelassen zu werden. Und man erzählte mir, was Delin für ein Mensch war. Als Teenager bereits fesselte er seine eigenen Eltern und beraubte sie. Sie vergaben ihm und würden, ohne mit der Wimper zu zucken, auch seine Kaution zahlen. Sie halfen ihm immer wieder aus der Patsche. Delin war außerdem derjenige, der das Geschäft des Kokainschmuggels von Honduras nach Belize leitete. Er übernahm es von zwei anderen Männern, von denen einer spurlos verschwand und der andere sich ins Ausland absetzte. Jeder wusste das. Was man nicht wusste, war der Umstand, dass Delin dies inzwischen mit Hilfe der gestohlenen Bootsmotoren anstellte. Allerdings war offensichtlich halb Placencia bekannt, dass er das Kokain brachte. Das Geschäftsmodell wurde wohl im Jahr der Pandemie verfeinert, und so stahl er die Motoren seiner Nachbarn, um sie in Honduras gegen Kokain einzutauschen. So hatte er offenbar eine Lösung, bei dem er gar kein Geld mehr in die Hand nehmen musste. Unzählige Tour Guides und Fischer verloren so ihre Lebensgrundlage. Das alles gipfelte im Überfall auf mich. Wobei da noch die vier vermissten Fischer aus Dangriga waren, deren Bootsmotor ebenfalls in Honduras bei der Festnahme von Delin gefunden wurde. Man brauchte nur eins und eins zusammenzählen, um zu wissen, dass Delin diese vier Männer auf dem Gewissen hatte. Was die Polizei aber offensichtlich nicht ausreichend anspornte, Beweise zu sammeln. Denn jetzt kam ich ins Spiel. Auf einmal wurde versucht, mich zu überzeugen, zumindest Delin zu identifizieren.

Compol Chester Williams, der Chefpolizist, war enttäuscht, dass ich nach den Geschehnissen in Dangriga niemanden identifizieren wollte. Den wahren Grund konnte ich ihm nicht nennen. Nicht einmal er hätte mich auf der Insel vor wütenden, korrupten Polizisten beschützen können. Dennoch versuchte er ein letztes Mal, mich umzustimmen und sandte fünf Kriminalbeauftragte zu mir auf die Insel. Kurz bevor sie ankamen, wurde offensichtlich Detective Caruso informiert. Was dann geschah, war der letzte Beweis, den ich brauchte, um meine Vermutung bestätigt zu sehen. Detective Caruso versuchte dringend, mit mir Kontakt aufzunehmen. Via Audio-Chat, um keine Beweise zu hinterlassen. Ich roch jedoch den Braten, dass er etwas Zwielichtiges wollte und gab vor, keine ausreichende Internet-Geschwindigkeit für eine Sprachverbindung zu haben. Dementsprechend blieb ihm nichts anderes übrig, als mir Textnachrichten zu schicken. Und da kam es.

„Es sind Polizeibeamte aus der Hauptstadt Belmopan auf dem Weg zu Dir, die Küstenwache bringt sie. Lass Dich nicht umstimmen. Ich mache mir große Sorgen um Dich. Wenn Du doch aussagst, bist Du in großer Gefahr. Sie werden großen Druck auf Dich ausüben, aber gib nicht nach, das wäre nicht gut für Dich, Du weißt das. Und sag niemandem, dass ich Dich gewarnt habe und wir gechattet haben, sie wollen Dich überraschen. Wenn Du was sagst, wäre das für uns beide nicht gut. Viel Glück, die werden alles probieren, Dich umzustimmen."

Da war es. Ob er nun bestochen war oder mich wirklich schützen wollte, werde ich nie erfahren. Aber es war der Beweis, in Gefahr zu sein. Selbst wenn es nur darum ging, mich einzuschüchtern, ich wäre außerordentlich dämlich gewesen, Delin nun doch zu identifizieren. Also spielte ich mit. Die Kriminalbeauftragten kamen und waren – wie von Caruso vorhergesagt – eine ganz andere Nummer als die Polizisten, mit denen ich bisher zu tun hatte. Ich fühlte mich mehr als Verdächtiger, der etwas zu verheimlichen hat, als das Opfer eines Verbrechens. Es wurden Suggestivfragen gestellt, man hinterfragte, warum ich unterschiedliche Angaben zu dem machte, was ich in jener Nacht erkennen konnte. Was Bullshit war, denn stets sagte ich das aus, was ich gesehen hatte und woran ich mich erinnern konnte. Bis zu dem Tag in Dangriga, besser gesagt, bis zu dem Abend danach. Ab dem Zeitpunkt verweigerte ich die Aussage. Auch das wollte man genauer hinterfragen, aber mir war klar, hier nicht gewinnen zu können. Würde ich mich umstimmen lassen und identifizieren, wäre ich einerseits auf der Abschussliste und andererseits hätte ich keinen Erfolg. Der Verbrecher Delin würde so oder so freikommen. Daran hätte sich nichts geändert.

Nach gut einer Stunde gaben die Polizisten auf und wechselten ganz plötzlich den Tonfall. Nachdem sie ihren Auftrag des Commissioners of Police offenbar nicht ausführen konnten, mich umzustimmen, ging es mit einem Mal sehr freundschaftlich zu. Als sie bei Einbruch der Dunkelheit meine Insel verließen, gab ich sofort Caruso Bescheid. Ich hatte zu dem Zeitpunkt das Spiel kapiert. Caruso war sichtlich erleichtert und gratulierte mir, die richtige Entscheidung getroffen zu haben. Nun würde er sich weniger Sorgen um mich machen. Ich solle aber dennoch auf der Hut bleiben.

Nach diesem Intermezzo hatte ich wieder ein paar Tage Ruhe, blieb allerdings von Picaros Hunden und kreisenden Booten der Delin-Familie verfolgt. Es stank mir gewaltig, und ich dachte immer öfter über Szenarien nach, wie ich die Insel verlassen könnte. Dabei musste ich auch an Mali, mein Hundemädchen, denken. So begann ich mich mit den Einreisebestimmungen in die Europäische Union in Bezug auf Hunde zu informieren. Das war die EU, wie ich sie kannte und bereits wieder vergessen hatte. Um Mali in die EU zu nehmen, musste ich zuerst einen Mikrochip implantieren lassen. Obwohl sie alle Impfungen hatte, würden diese ohne implantierten Mikrochip nicht zählen. Dementsprechend müsste sie nach dem Implantieren des Chips noch einmal zumindest gegen Tollwut geimpft werden. Frühestens einen Monat später müsste ich ihr Blut abnehmen lassen, mit dem Flugzeug in ein EU-zertifiziertes Labor schicken und dann weitere drei Monate warten. Nur wenn ihre Antikörper gegen Tollwut hoch genug wären, dürfte ich sie in die EU mitnehmen. Völlig irre, aber so waren nun einmal die Vorschriften. Es würde also mindestens vier bis fünf Monate dauern, bis ich Belize verlassen könnte.

Ich wollte den Prozess in Bezug auf eine mögliche Ausreise zumindest einmal starten und vereinbarte den frühestmöglichen Termin. Dieser Termin sollte unsere Flucht aus Belize bestimmen. Das war mir zu diesem Zeitpunkt aber noch nicht klar. Der Termin für die Implantierung eines Mikrochips wurde auf den 20. April 2021 festgelegt. In Belize City, der einzigen Klinik landesweit, die das durchführen konnte. Das war mit einer Tagesreise verbunden. Am gleichen Tag würde sie noch einmal – obwohl sie vollen Impfschutz hatte – gegen Tollwut geimpft werden. Die nächsten Tage sollten zeigen, wie weise es war, die Flucht aus Belize vorzubereiten.

Am 12. April 2021 erreichte mich eine höchst brisante Nachricht. Eine zunächst unbekannte Person schrieb über WhatsApp: „Ich weiß, wer auf Dich geschossen hat. Ich kenne die Täter. Sie prahlen damit, wie sie Dich durch Dein Haus gejagt haben. Wir müssen reden."

Bei meinen Versuchen, die Identität des Absenders herauszubekommen, verstrickte sich dieser in Widersprüche. Zuerst war er der Bruder eines Bekannten, dann der Cousin. Das Ganze roch sehr faul. Es war offenbar der Versuch, mich persönlich zu treffen. Wie auch immer das dann geendet hätte. Was mich besonders stutzig machte, waren die weiteren Aussagen dieser Person. Er habe verzweifelt versucht, der Polizei in Placencia die Namen meiner Angreifer zu nennen. Doch die Detectives nahmen ihn nicht ernst. Ebenso hatte er es bei anderen Polizeistellen versucht, doch diese sahen sich nicht zuständig und verwiesen ihn wieder zurück an Placencia. Er wüsste ganz genau, wie der Überfall ablief. Wie Delin die beiden auf meine Insel brachte, wer noch dabei war, und welches Boot benutzt wurde, um alle bei mir auf der Insel abzusetzen. Er wüsste jedes Detail von den Angreifern selbst, und er schulde mir etwas, weil ich ihm vor Jahren Geld geschenkt hatte, um zu seiner Familie zu gelangen.

Die Sache mit den Detectives in Placencia und der verweigerten Aufnahme eines Protokolls passte wieder zum Verhalten von Caruso vor wenigen Tagen. Und unterstütze meine Theorie, dass Caruso mich nicht nur beschützen wollte, sondern vielmehr einen Auftrag erfüllte. Nämlich zu verhindern, dass Delin ins Gefängnis wandert. Viele Fragen waren offen. Wo war das verschwundene Küchenmesser? Delin war Koch und Besitzer eines Restaurants in Placencia. Warum wollten die Polizisten mich überreden, auszusagen? Sagte Caruso nicht, bleib stark und lass dich nicht überreden? Warum wurden Aussagen nicht zu Protokoll genommen? Wer war der Zeuge, der alle Details nennen konnte?

Noch einmal kontaktierte ich Compol Williams und, ohne meinen Verdacht gegen Caruso zu äußern, gab ich ihm die Telefonnummer des Mannes, der mich kontaktiert hatte. Dieser hatte sich zu meiner Überraschung sofort bereit erklärt, Compol alles zu berichten, was er wusste. Vermutlich verlief alles im Sand. Jedenfalls bekam ich von Compol auf meine Bitte, mit der Person Kontakt aufzunehmen, keine Antwort mehr. Was sehr untypisch für ihn war und mich noch mehr verunsicherte. Was ging da wirklich vor? In Österreich wäre ich vermutlich ob der Drogenkartelle und den Familienbanden in ein Zeugenschutzprogramm genommen worden. Hier konnte man dies nur als „Zeugenschmutzprogramm" bezeichnen.

Am nächsten Tag war ich noch immer geistig damit beschäftigt, ob mir jemand eine Falle stellen wollte, oder ich genau erfahren konnte, wer auf mich geschossen hatte. Ich gestehe, ich hatte sekundenlang sogar Anflüge von Rachegedanken. Ich hatte Waffen. Ich hätte mich an meinen Fast-Mördern rächen können. Wie gesagt, diese Art von Gedanken dauerte nur wenige Sekunden. Dennoch erschrak ich, wozu mein Geist in der Lage war und wie die Waffen meine Persönlichkeit infiziert hatten.

Zum Glück erreichte mich dann eine Nachricht aus jenem Universum, in dem alle meine Freunde lebten. In einem normalen Universum, ohne Mörder, ohne Fallen, ohne Drogenkartelle und ohne Waffen. Wobei die Nachricht auf Englisch zuerst missinterpretiert hätte werden können: „You can get your shot!"

Das war die Nachricht von Kenroy, dem Tourguide, an mich. Ich wusste sofort, dass es sich nicht schon wieder darum handelte, erschossen zu werden, sondern mit „Shot" Impfungen gemeint waren. Placencia hatte die ersten Corona-Impfstoffe bekommen und, noch bevor meine Freunde in Europa dieses Privileg genießen durften, konnte ich gegen Corona geimpft werden.

Kenroy holte mich sofort ab, brachte mich nach Placencia, und ich wurde am 14. April 2021 das erste Mal gegen

Corona geimpft. Während andere Länder philosophierten, welcher Impfstoff die wenigsten Nebenwirkungen haben würde, war ich einfach überglücklich, geimpft zu werden. Egal mit welcher Vakzine. Es war für mich ein völlig unerwarteter Segen, dachte ich doch, in Belize niemals geimpft werden zu können. Doch als Hotelier und Gold-Standard-Manager meiner Öko-Lodge war ich berechtigt, als einer der Ersten in Belize geimpft zu werden. Das Land lebte vom Tourismus. Ich vertrug die Impfung gut und freute mich, die Pandemie nun zumindest zur Hälfte abhaken zu können. Meine Freude währte jedoch nur kurz. Alles, was bisher geschah, sollte wenige Tage später fast in einem Western-Showdown enden.

Am 20. April 2021 bekam Mali ihren Mikrochip implantiert und wurde gegen Tollwut geimpft. Ebenso machten wir uns einen Termin für die Blutabnahme dreißig Tage später aus, um die Vorgaben der EU einzuhalten. Noch immer waren es nur nebulose Gedanken, Belize zu verlassen. Noch hatte ich kein hoffnungsfrohes Szenario für den Ausstieg vom Ausstieg. Wie vorausgesehen, waren Mali und ich einen kompletten Tag von der Früh bis zum Abend unterwegs. Zuzüglich eines platten Reifens nahe Belize City, der Stadt mit einer der höchsten Mordraten weltweit. Mit meiner Waffe im Holster war es aber interessanterweise zum ersten Mal nicht ganz so furchteinflößend wie die Jahre zuvor. Das Waffenvirus hatte mich vollends erfasst und, wie die von mir verteufelten waffengeilen US-Amerikaner, fühlte ich mich inzwischen fast unverwundbar mit meiner Knarre am Gürtel. Wobei eine wichtige Frage offenblieb: Wäre ich wirklich imstande, die Waffe zu ziehen, falls ich Gefahr witterte?

Ziemlich genau eine Woche später sollte ich die Antwort darauf bekommen.

Showdown auf der Insel

Zwei Monate nach dem Überfall tauchten erneut Picaros Hunde bei mir auf. Was vorher für mich unbedenklich war, erlebte ich jetzt als Bedrohung. Meine Beziehung zu den Bewohnern der Nachbarinsel hatte sich geändert. Ich war vorsichtig geworden. Mein Bootskapitän Kenroy war erst einen Tag zuvor bei mir gewesen, um beim Bergen eines großen Stücks Treibholz zu helfen, welches bedrohlich nahe an mein Deck kam. Ich wollte ihn nicht schon wieder um Hilfe bitten. Er wollte zwar nicht mehr als den Bootssprit abgedeckt haben, aber meine finanziellen Mittel waren absolut am Limit. Ich haderte mit der Entscheidung, was wegen der Tiere zu tun sei. Sollte ich Picaro über die Hunde informieren? Ich wollte mit dieser Familie nichts mehr zu tun und sie nicht mehr in meiner Nähe haben.

Ein großes Problem stellte auch Mali dar. Sie musste als junger Hund mit Rottweilern und Pitbulls um ihr Futter kämpfen und war dementsprechend unfreundlich zu anderen Hunden. Sie selbst griff andere Hunde nicht an, aber wenn ihr ein Hund zu nahekam, jagte sie ihn weg. Bei den zwei Eindringlingen von der Nachbarinsel war sie dementsprechend unentspannt, auch wenn sie schon ein wenig an die regelmäßigen Besucher gewöhnt war. Und mir wiederum brach das ständige Winseln der beiden Geschöpfe das Herz, wollte sie aber aufgrund ihrer Zecken und Flöhe nicht in mein Haus oder auf die Terrasse lassen. Kenroy war ein gutherziger Belizianer in Bezug auf Hunde. Dennoch riet er mir stets, ich dürfe ihnen kein Wasser geben und sie nicht füttern, sonst würden sie ständig wiederkommen. Aber so wie mein jüngerer Sohn dies einmal spaßhalber in Bezug auf eine meiner schmeichelnden Aussagen über seine Mama ausdrückte: „Dieser Zug ist abgefahren."

Miso und Taco, die beiden Hunde von Picaro, erhielten von mir immer Wasser und Futter. Sie wurden vermutlich nicht besonders gut behandelt, und sie konnten von meinen Streicheleinheiten gar nicht genug bekommen. Die anderen wenigen Nachbarn auf meiner Inselkette, allesamt Belizianer, schlugen die beiden Hunde, wenn sie auftauchten. Denn sie wussten, würden sie die beiden gut behandeln, würden sie immer wiederkommen. Für mich war Schlagen keine Option.

Bisher war der ständige Besuch der Hunde kein Problem für mich. Ich hatte ein Boot und, wenn Miso und Taco meine Gäste „belästigten", war ich sofort zur Stelle, um sie zu Picaros Insel zurückzubringen. Die Hunde natürlich, nicht meine Gäste. Der Sprit war mir egal, Hauptsache, die Kurzbeinige und der Großgewachsene waren in Sicherheit und meine Gäste ungestört. In dem Jahr, in dem ich alleine auf der Insel war, galt das Gleiche. Ich kümmerte mich um die beiden unschuldigen vierbeinigen Schlabbermäuler immer so, wie wenn es meine eigenen Hunde gewesen wären und brachte sie spätestens nach einer Stunde mit dem Boot zurück. Bei mehr Zeit wäre mir Mali wohl durch die Decke gegangen. Ein Dankeschön der eigentlichen Besitzer hörte ich nie, aber ich tat es ja nicht für die Hundehalter, sondern für die Hunde. Wobei ich vor dem Überfall keinerlei Argwohn verspürte. Im Gegenteil. Ich teilte meine Zigaretten mit den Arbeitern von Picaro, brachte hie und da Hühnchen vom Festland vorbei, und wie zuvor beschrieben sorgte ich mich um Mensch und Tier, als Hurrikan „Nana" aufzog.

Nun war die Situation jedoch ganz anders. Ich war von Delin, einem Drogenschmuggler, überfallen worden und wurde durch Picaros Umfeld in gewisser Weise überwacht. Was sollte ich also mit den Tieren machen? Kenroy erneut bitten zu kommen und Geld zahlen, das ich nicht hatte? Picaro die Kosten verrechnen? Die Situation schlucken, zwei Hunde auf unbestimmte Zeit auf meiner Insel füttern, während Mali durchdreht? Alles keine Optionen. Noch etwas anderes schwirrte in meinem Kopf herum. Angenommen, den Hunden wäre etwas zugestoßen, und ich hätte Picaro nicht Bescheid gegeben. Er hätte gedacht, ich hätte mich an seinen Hunden für den Überfall gerächt. Oder noch schlimmer, er schickt seine Hunde immer häufiger herüber und provoziert mich, um mich als Zeugen zu erledigen.

Ich biss noch einmal in den sauren Apfel und folgte meinem Bauchgefühl. Ich verständigte Picaro schriftlich, dass seine Hunde bei mir waren. Ebenso postete ich ein Foto der beiden Hunde auf Facebook, um ganz sicherzugehen und möglichen faulen Spielchen den Wind aus den Segeln zu nehmen. Doch dann folgte sein Spiel. Ich konnte sicher sein, dass er wusste, wie unangenehm die Situation für mich war. Nicht zu wissen, wann jemand aus Delins Familie bei mir auftauchte, war eine äußerst zermürbende Situation. Das wusste jeder in Placencia. Denn Delin war inzwischen auf Kaution frei und lebte wieder in Placencia. Die Anklage, die er zu erwarten hatte, war lediglich ein Einwanderungsverstoß. Das war alles.

Picaro selbst hielt sich fast nie auf seiner Insel auf. Alle Arbeit wurde von Angestellten und Tagelöhnern erledigt, die jedoch kein Boot zur Verfügung hatten. Wobei es nicht viel zu arbeiten gab. Sie lungerten den Großteil des Tages auf der Insel herum und genossen ihr Weed, also ihr Marihuana. Als Hund wäre auch ich vermutlich ständig davongelaufen. Zehn Tage zuvor hatte ich bereits eine ähnliche Situation mit den Hunden bei mir. Damals gab ich Picaro noch ohne zu zögern Bescheid. Er schickte mir seinen Sohn, der mit seinem Boot nicht in die Lagune zu meinem Dock kam, sondern zielgenau von der Vorderseite mein kleines Haus in den Mangroven ansteuerte.

Der Typ wusste exakt, wie ich lebte und wo ich mich aufhielt. Ich kannte ihn genauso wenig wie meine Angreifer. Er sah wie der junge Fidel Castro aus, trug Militärkleidung und hatte eine Zigarre im Mund. Er nahm die Hunde aufs Boot und fuhr davon. Ich erinnerte mich damals an die Warnung eines Freundes: „Wenn jemand mit einem weißgrünen Boot auftaucht und wie Fidel Castro aussieht, behalte Deinen Bootsmotor im Auge. Der Typ stiehlt hier Motoren und bringt sie rüber nach Honduras."

Diese Warnung erhielt ich Monate vor dem Überfall. Ich hatte sie bereits wieder vergessen. Was für eine schrecklich nette Familie. Neffe und Onkel saßen im gleichen Boot und stahlen andere Boote. Wie Picaro zu Geld kam, mit einer Insel, die keine Gäste beherbergen konnte und dennoch immer bewacht wurde, war mir so und so ein Rätsel. Nun gut, diesmal informierte ich kurz nach Eintreffen der Hunde Picaro mittels einer Textnachricht über den Besuch seiner Fellnasen. Ich bat höflich darum, sie abzuholen. Anrufen konnte ich aufgrund meiner eingeschränkten Telefonverbindung nach wie vor nicht. Messenger-Apps, mit denen man hätte telefonieren können, verwendete er nicht. Eine Stunde danach – ich bekam keine Antwort, und es wurde schon dunkel – sendete ich ihm eine erneute Anfrage. Ich bekam dann die Rückmeldung, dass er die Hunde am nächsten Tag in der Früh abholen werde.

Die darauffolgende Nacht bekam ich kein Auge zu. Meine Kameras konnte ich nicht einschalten, da die beiden Hunde ständig den Bewegungsalarm auslösten. Zudem bellten sie alle dreißig Minuten, was äußerst seltsam war. Ich sah nichts, was man anbellen hätte können und hörte auch nichts. Aber ich war ja auch kein Hund mit scharfen Sinnen. Mali war ebenso unruhig und, nach zwei Stunden dieser biologischen Alarmanlage, machte ich meine Pumpgun schussbereit. Das Bellen war wie ein Uhrwerk in halbstündigen Abständen, und an Schlafen war nicht zu denken. Es war Zeit, die Abwehr vorzubereiten.

Einige Tage zuvor hatte ich über Herb und Simone ein paar „Spielzeuge" aus den USA geliefert bekommen. Rund um mein Haus waren jetzt nicht nur zwei Kameras, sondern sieben angebracht. Mit Gegensprechanlage. Da diese aber aufgrund der Hunde unbrauchbar waren, packte ich mein neues High-Tech-Gerät aus. Ein Nachtsichtgerät, welches ich über einen Kopf-Tragegurt vor meinen Augen befestigen konnte. Mit der vollgeladenen Pistole im Halfter, zwei weiteren Magazinen, der randvoll gefüllten Pumpgun und zwanzig weiteren Schuss in meinen Taschen lag ich nun mit einem Nachtsichtgerät am Kopf auf meiner Terrasse und war für das Äußerste bereit. Die ganze Nacht beobachtete ich meine Umgebung, doch außer großen Insekten, Einsiedlerkrebsen und Vögel war absolut nichts zu sehen. Was die Hunde hörten, war für mich nicht erkennbar, auch nicht, aus welcher Richtung sie Gefahr witterten. Ich kannte die beiden aber inzwischen gut genug. Es war nicht die erste Nacht, die sie bei mir verbrachten. Was auch immer sich in unserer Nähe abspielte, ich konnte es nicht herausfinden. Und vermutlich war dies auch besser, denn in nächtliche Drogenlieferungen wollte ich auf keinen Fall hineinpfuschen.

Diese schlaflose Nacht kostete mich dennoch den letzten Nerv. Als die Sonne aufging, konnte ich das Eintreffen von Picaro kaum erwarten. Die Pumpgun und sämtliche Munition versperrte ich wieder im Waffenschrank in meinem Schlafzimmer. Ich behielt nur die Pistole mit vollem Magazin, durchgeladen und feuerbereit, in meinem Holster. Doch von Picaro war nichts zu sehen. Früh morgens, wie Picaro sich ankündigte, war in Belize etwa 6 Uhr, da das erste Licht bereits um 4:45 Uhr den Himmel erhellte. Dafür wurde es um 18 Uhr schon wieder stockfinster. Die meisten Sachen erledigte man am besten frühmorgens vor der großen Hitze. So war es üblich, dass Bauarbeiten bereits vor 6 Uhr begonnen wurden, wenn die Quecksilbersäule noch nicht über dreißig Grad Celsius anzeigt.

Gegen 10:30 Uhr verließ mich die Geduld. Picaro kam noch immer nicht. Daher schrieb ich ihn erneut an. Eine halbe Stunde später antwortete er, er sei auf dem Weg. Die Bootsfahrt von Placencia zu meiner Insel betrug gerade mal zwanzig Minuten. Und es war still. Totenstill. Kein Blättchen bewegte sich, es war brütend heiß und das Meer spiegelglatt. Selbst mit einem Kajak hätte man die Hunde bei diesen Wetterbedingungen abholen können. Ich zog in Betracht, die Hunde selbst auf diese Weise zu Picaros Insel zu bringen. Aber er schrieb ja, er wäre auf dem Weg. Um 13:45 Uhr schrieb ich Picaro erneut an. Wieder erhielt ich erst eine Stunde später eine Rückmeldung, dass das Boot bereits auf dem Weg sei. Erneut geschah nichts.

Es wurde immer augenscheinlicher, dass Picaro die Situation ausnutzte, um mich zu zermürben. Um 16:40 Uhr, erneut drei Stunden später, hatte ich keine Nerven mehr für dieses Spielchen und schrieb Picaro, ich würde nun ein Boot bestellen, und er müsste den Captain und das Boot zahlen. Während ich Kenroy umgehend anschrieb, um die Hunde abzuholen, hörte ich jedoch bereits den Bootsmotor. Keine fünf Minuten, nachdem ich Picaro damit konfrontiert hatte, etwas zahlen zu müssen, war das Boot zur Stelle. Es war sein Sohn, der Möchtegern-Fidel. Offensichtlich war er die ganze Zeit über auf der Insel seines Vaters, und sie lachten sich ins Fäustchen. Ich schäumte innerlich vor Wut. Dann kam es zum Showdown.

Fidel erschien diesmal in der ruhigen Lagune. Vorbeifahrende Boote, die etwas beobachten hätten können, gab es dort nicht. Auch für meine Nachbarn war die Lagune nicht einsehbar. Wir waren also ganz unter uns. Fidel machte von der ersten Sekunde an einen genervten Eindruck, wie wenn ich dafür verantwortlich gewesen wäre, dass er die Hunde seines Vaters abholen müsste. Es lag aber mehr in der Luft. Es war eine äußerst gefährliche Schwingung wahrzunehmen.

Von seinem Vater wusste ich aufgrund des kurzen Gesprächs im Polizeihof von Dangriga, dass er eine Waffe besaß. Ebenso von seinem Onkel, der mich überfallen hatte. Sicher war Fidel, wie die gesamte Familie, auch nicht unbewaffnet. Nachdem die Hunde etwas widerwillig zu ihm auf das Boot gehüpft waren, bedankte ich mich für das Abholen. Ich konnte es mir jedoch nicht verkneifen, darum zu bitten, eine Lösung für die Hunde zu finden, da ich sie ohne Boot nicht zurückbringen konnte. Es war nicht das erste Mal, dass ich darum bat. Jeder Einzelne seiner Mitarbeiter bekam diese Bitte von mir mehrfach zu hören, selbstverständlich auch Picaro. Nun bat ich eben auch seinen Sohn.

Das waren offensichtlich jene Worte, auf die Fidel gewartet hatte. Er erklärte mir belehrend und verachtend, dass ich weißer Millionär mir einen Zaun um die gesamte

Insel bauen sollte. Das würde helfen, die Hunde draußen zu halten. Er murmelte aber auch auf kreolisch, dass mir das auch helfen würde, nicht doch noch erschossen zu werden. Das war für mich einen Tick zu viel. Ich antwortete, dass ich nicht verantwortlich sei, ihre Hunde von meinem Grundstück fernzuhalten, sondern er und sein Vater. Und wenn es einen Zaun braucht, dann wäre das bei ihnen und nicht bei mir nötig.

Daraufhin begann Fidel im tiefsten Dialekt irgendetwas vor sich hin zu schimpfen, drehte sein Boot zurück in meine Richtung, und dann geschah das, was ich die ganze Zeit befürchtete. Er bewegte seine Hand langsam und unauffällig Richtung rechter Hüfte zu seiner Hosentasche.

Ich beobachtete seine Hand die gesamte Zeit, etwas, was ich vor meinem Waffenbesitz nie gemacht hätte. Von Belizianern wusste ich, dass die meisten ihre Waffen nicht in Holstern tragen, sondern in ihren Hosentaschen eingesteckt haben. Und Fidels Finger waren bereits in der Tasche. Mein Puls stieg rapide in die Höhe. Die Müdigkeit von der durchwachten Nacht war durch das Adrenalin mit einem Schlag eliminiert. In so einer Situation geht es um jede Sekunde, um jede Bewegung. Ich hatte nach wie vor den Verdacht, die ganze Situation war vorbereitet. Zuerst durch Verzögerung zermürben und nervös machen. Dann abchecken, ob ich eine Waffe habe, mich erschießen, und es so aussehen lassen, als ob es Notwehr gewesen wäre. Die perfekte Lösung, den Zeugen loszuwerden. Diese Chance gab ich Fidel nicht.

Es dauerte nur wenige Sekunden, in denen Fidel in seinem Boot acht bis zehn Meter vor mir war. Wir sahen uns stumm an. Es war wie in „High noon“.

Jeder konnte beim anderen die Anspannung sehen, wer den ersten Zucker macht. Es war gefühlt genau jene

Distanz, bei der ich beim Training mit Officer Lopez den allerersten Schuss ins Rote abgefeuert hatte. Und ich war im Vorteil, denn ich stand bombenfest auf meinem Dock. Fidel hingegen war in seinem schaukelnden Boot. Meine Hand war, für ihn ersichtlich, nur wenig von meiner Waffe entfernt, die unter meinem T-Shirt im Holster steckte. Ich wusste, ich könnte blitzschnell ziehen, und er musste davon ausgehen, dass ich meine Pistole geladen hatte.

Vor mir war erstmals keine Zielscheibe. Es war ein atmender, fühlender Mensch. Der erste Schuss wäre wahrscheinlich nicht tödlich gewesen, in der Folge wäre aber mein Paradies in ein Kriegsfeld verwandelt worden. Ich war zwar auf meinem Dock, das nicht schaukelte, doch Fidel hatte durch die Wand des Bootes eine gute Deckung. Ich selbst war völlig ohne Deckung.

Würden meine Patronen mit expandierendem Mantel durch die Bootswand gehen oder darin stecken bleiben? Hatte ich mich damals bei Daniel für die richtige Munition entschieden? Was war mit den Hunden? Mali war bei mir, Picaros Hunde im Boot von Fidel. Im Notfall musste ich auf den Benzintank des Bootes schießen. So war es jedenfalls in Filmen zu sehen. Dass dann Benzintanks explodieren, war meines Wissens nur ein Hollywood-Märchen. All das ging mir blitzschnell durch den Kopf. Wer schon einmal einen Autounfall miterlebt hat, weiß, dass in dieser Extremsituation die Zeit stehen zu bleiben scheint. Dann machte es in meinem Kopf „klick".

Wollte ich tatsächlich jemanden erschießen? Wäre ich in der Lage abzudrücken? Würde ich bewusst versuchen, das Leben eines anderen Menschen zu beenden? Selbst, wenn es Notwehr ist und er zuerst zieht?

Eventuell riskierte ich in diesem Moment mein Leben. Aber mein Bauchgefühl, mein Herz und meine ganze Persönlichkeit waren in diesem einen Moment auf mein Innerstes reduziert. Es war wie die Kernschmelze meiner Persönlichkeit. Erneut dieser Brennpunkt der Sonne unter einer Lupe. Es war die Nagelprobe für mein Über-Ich. Nichts anderes zählte mehr. Nicht der Überfall, nicht die Hunde, nicht, dass dieser Typ vor mir vermutlich schon viele Menschen bestohlen hat. Es ging in diesem Augenblick nur noch um mich und mein Gewissen. Und in diesem lebensbedrohlichen Moment wurde mir bewusst: Ich bin kein Killer. Ich bin keiner, der jemanden erschießen kann. Ich bin die Person, die ich auch vor dem Überfall war. Ich bin ein Mensch, der liebevoll erzogen und in einem friedlichen Land sozialisiert wurde. Ich bin keine Pseudo-Mutation, die Töten in der DNA hat.

Auf einmal, in dieser Extremsituation, fiel die Entscheidung. Ich würde Belize so schnell wie möglich verlassen, es gab hier nichts mehr, was ich verteidigen konnte. Fast wie auf Drogen nahm ich völlig entspannt meine Hand von der Hüfte und begann zu lachen: „Mach Dir keine Gedanken. Es ist völlig egal, wie oft Eure Hunde noch herkommen, ich bin in ein paar Tagen fort. Das Ganze ist für mich erledigt. Alles."

Damit hatte Fidel wohl nicht gerechnet. Auch seine Körpersprache veränderte sich, denn er merkte mit Sicherheit, dass das kein Bluff war. Meine ganze Verkrampfung der letzten Wochen und Monate war mit einem Mal weggeblasen, und ich fühlte mich sogar euphorisch. Ich hätte dieses kleine Arschloch vor mir umarmen können. Es war erledigt. Ich drehte mich nicht einmal mehr um, als ich am Dock von ihm davon ging. Ich fühlte mich zum ersten Mal seit dem Überfall wieder wie ich selbst. Belize und der ganze Wahnsinn der letzten Monate waren mit einem Schlag Geschichte für mich. So, wie ich fünf Jahre zuvor innerhalb von Sekunden in meinem Büro entschied, Österreich zu verlassen, war nun die Entscheidung gefallen, meine Insel und Belize zu verlassen.

Das Boot tuckerte mit einem verdutzten Fidel davon, und ich setzte mich entspannt in den Sonnenuntergang. Innerhalb weniger Minuten hatte ich dann meinen Abzug mit Mali durchgeplant. Ich würde Kenroy fragen, ob er mein Grundstücksmanager werden will, und mit der Aussicht auf freies Wohnen, gratis Internet und Strom war die Antwort relativ einfach.

Ich rechnete noch einmal die Fristen für Mali durch. Der Plan war fertig. Am 20. Mai würde ich ihr Blut abnehmen lassen und nach Kansas schicken. Am 21. Mai würde ich dann singend und tanzend mit Mali die Grenze nach Mexiko überschreiten. Das war die Lösung. Ich müsste nicht in Belize bleiben, bis Malis Fristen erfüllt waren. Ich musste nur raus aus dem Land. Was lag näher als Mexiko, dem Nachbarstaat, wo ich von Cancun den Direktflug nach Europa bekommen würde? Da war sie, die Lösung. Was die letzten Wochen und Monate nicht machbar schien, war plötzlich so einfach.

Was in der Theorie simpel klang, stellte sich dann im Detail und aufgrund der Covid-19-Beschränkungen doch als nervenaufreibend heraus. Aber mein Kampf hatte sich verlagert. Nachdem ich nun wieder wusste, wer ich war und was ich wollte, war die Zukunft wieder rosig. Ich wollte nicht mehr all meine Energie zur Verteidigung der Insel und meines Lebens aufwenden. Ich wollte meine Energie nur mehr in die Flucht aus Belize investieren. Von nun an sollte sich alles darum drehen, Mali und mich so schnell wie möglich in Sicherheit zu bringen.

Loslassen und Abschied nehmen

Mein Ausstiegsszenario war fertig. Bald ging alles Schlag auf Schlag. Kenroy stimmte den Usancen der Inselübergabe sofort zu. Wir vereinbarten einen Bezahlungsmodus, der für uns beide machbar war. Allerdings war das Verlassen der Insel nach wie vor mit dem unguten Gefühl verbunden, meine Freunde im Stich zu lassen. Ich hatte Charly und Bonelli versprochen, die Insel und ihr investiertes Geld mit meinem Leben zu verteidigen. Daher benötigte ich eine Lösung. Die beiden Häuser und das gesamte Grundstück sollten nicht zu einem Gratis-Supermarkt für die Nachbarn werden.

Mit Kenroy hatte ich die perfekte Lösung. Er war hoch angesehen in Placencia, war einer der besten Tour Guides, und er hatte ein eigenes Boot. Und was das Wichtigste war, er war eine vertrauenswürdige Person, die nicht stiehlt oder betrügt. Nachdem ich mit Kenroy alle Eventualitäten seiner Tätigkeiten durchgegangen war, die gesamte Technik erklärt hatte und die Modalitäten der Vermietung und des Verkaufs festgelegt hatte, waren wir beide uns sicher, dass er der Aufgabe gewachsen war.

Und somit konnte ich, nach wie vor nervös, meinen Freunden die große Veränderung beichten. Bonelli sah dies völlig entspannt. Er riet mir schon nach dem Überfall, sofort aus Belize zu verschwinden. Charly war etwas angespannter und gestand mir ganz offen, dass er nun sein Geld davonschwimmen sieht. Er war bereits auf der Insel und in Belize zu Besuch gewesen und konnte die Risiken gut einschätzen. Gleichzeitig meinte er aber, gutherzig wie immer, natürlich wolle er mich nicht „abnippeln" sehen. Wir hatten stets einen offenen Gedankenaustausch, daher auch bei diesem entscheidenden letzten Schritt des Projekts. Ich wollte gegenüber meinen Investoren ein gutes Gefühl haben und dass sie als meine Freunde verstanden, warum ich Belize umgehend verlassen will.

Was wirklich überraschend für mich war, wie ich mich bereits emotional von meinem Paradies entkoppelt hatte. Obwohl der Abschiedstag immer näher rückte, hatte ich kein Interesse mehr, noch ein letztes Mal schwimmen zu gehen. Oder am schönsten Platz mit einem Gläschen Wein den Sonnenuntergang zu bewundern. Oder meinen Fischen und Lobstern schnorchelnd Lebewohl zu sagen. Nicht einmal das Korallenriff wollte ich ein letztes Mal sehen. Seit dem Überfall am 19. Februar war ich bis auf einen kurzen halbherzigen Versuch kein einziges Mal mehr im Wasser gewesen. Das Paradies existierte für mich nicht mehr. Genau genommen hatte ich mich wohl mit dem Überfall bereits davon verabschiedet.

Es folgten nervenaufreibende Tage mit den Behörden. Die Landgrenzen von Belize waren nach wie vor geschlossen, und Fliegen mit Mali war nicht möglich. Die kleinen Tropenflugzeuge von Belize City nach Cancun konnten Hunde nur bis maximal acht Kilogramm transportieren. Daher blieb mir keine andere Möglichkeit, als Mexiko auf dem Landweg zu erreichen. Was die Bemühungen nicht vereinfachte, war das Faktum, nicht telefonieren zu können. Ich konnte nur schriftlich kommunizieren. Wenn es eine kollektive Krankheit in Belize gibt, dann ist es die, auf schriftliche Anfragen nicht zu reagieren. Es gab auch kein vorgefertigtes Formular, in das man seine Daten hätte eintragen können. Ich verfasste unzählige Mails als Begründung meiner Ausreise mit einem Scan meines Reisepasses. Nachdem ich ohne die Möglichkeit eines klassischen Telefonanrufs keine Antworten erhielt, schaltete ich den Honorarkonsul von Österreich in Belize ein. Er hatte mit mir erstmals Kontakt aufgenommen, als ich angeschossen im Krankenhaus lag, um sich zu erkundigen, ob er etwas für mich tun könnte. Davor wusste ich gar nicht, dass ein Vertreter Österreichs existiert, da es keine österreichische Botschaft in Belize gab. Der Honorarkonsul konnte im Gegensatz zu mir telefonieren und hatte den direkten Kontakt zur Ministerin für äußere Angelegenheiten. Keine dreißig Minuten später hatte ich meine Genehmigung zur Ausreise. Ebenso wurde der Port-Commander informiert, der verantwortliche Beamte an der Landgrenze zwischen Belize und Mexiko.

Somit war die belizianische Seite erledigt. Fehlte nur noch Mexiko. Da ich weder Spanisch sprach, noch etwaige Kontakte zur mexikanischen Grenze hatte, wendete ich mich direkt an die österreichische Botschaft in Mexiko. Und es war eine Wohltat zu sehen, wie Menschen außerhalb von Belize auf Mails, auch ohne begleitenden Telefonanruf, antworteten. Es funktionierte zu meiner Überraschung so, wie ich es vor meinem Auswandern in Erinnerung hatte.

Die österreichische Botschaft in Mexiko City schickte mir umgehend eine Antwort. Schon am nächsten Tag erhielt ich ein Schreiben, welches ich an der Grenze vorlegen sollte. Es erklärte, dass ich ein sogenannter Heimkehrer bin und somit über die Grenze gelassen werden müsste. Auch für Mali war alles für die EU vorbereitet. Es fehlte nur noch ein Gesundheitszertifikat für Mexiko. Dementsprechend machte ich mir einen Termin bei Malis langjähriger Tierärztin Doktor Mia aus, einer feinfühligen und hübschen Frau, die bei jedem meiner Besuche mein Herz höherschlagen ließ.

Ich war damit auf alle erdenklichen Hürden vorbereitet, und meine Taschen waren bereits drei Tage vor der Abreise gepackt. Als ich mit Kenroy noch einmal am vorletzten Tag die technischen Details der Insel durchging und die letzten Apps auf seinem Smartphone aktivierte, wurde mir einiges erst richtig klar. Ich hatte ein selbstversorgendes, hochtechnisiertes Wunder erschaffen und unglaublich viel Hirnschmalz über die Jahre in mein Projekt gesteckt. Kenroy, der selbst eine Insel nicht unweit von mir besaß, konnte all die technischen Finessen kaum fassen. Wie unglaublich viel Strom ich durch die Perfektion der Solaranlage jeden Tag produzierte, wie viel Wasser bei jedem Regenguss gesammelt wurde, wie das biologisch gereinigte Abwasser für den tropischen Garten eingesetzt wurde, wie einwandfrei mein Internet funktionierte und wie komfortabel man hier leben konnte. Für ihn war das alles ein Fünf-Sterne-Luxusressort. Er konnte nicht nur das Gästehaus beziehen, sondern auch mein – und nun sein – sechs mal sechs Meter kleines Haus.

Dann war es so weit. Ein letzter gemeinsamer Abend, an dem ich Kenroy den legendären österreichischen „Weißen Spritzer“ vorstellte und wir bei Sonnenuntergang Anekdoten austauschten. Ein letztes Mal in meinem Schlafzimmer, in dem ich zwei Monate zuvor fast erschossen worden war. Ein letztes Mal durch mein Fenster die unzähligen Sterne bewundern, auch wenn deren sichtbare Anzahl nun durch meine gedimmte Straßenbeleuchtung reduziert wurde. Schon vor dem Einschlafen wartete ich ungeduldig auf den nächsten Tag.

Der Morgen des Abschieds war bemerkenswert. Nie

wieder würde ich meine Insel sehen oder anders gesagt, nie wieder sehen wollen. Es war für mich abgehakt. Vier Jahre Arbeit, Schweiß, Angst, Hoffnung, Glück und Horror. Haken darunter und vorbei. Ich war mir nicht sicher, inwieweit Mali die große Veränderung spürte, aber die gepackten Taschen und vor allem ihr Kuschel-Hundebett im Boot kannte sie schon vom Umzug vom Festland auf die Insel. Nur diesmal ging es in die entgegengesetzte Richtung. Und noch unvorstellbar viel weiter. Ich hatte das starke Gefühl, dass sie merkte, dass es nun auf Dauer fortging. Gleichzeitig war ich fast enttäuscht über mich selbst. Beim Ablegen von meinem Bootsdock und beim letzten Blick auf die Insel erfasste mich keine Wehmut. Keine Tränen, keine emotionale Gefühlsregung, wo ich sonst bei jedem Kinderfilm weine. Alles, was ich spürte, waren die Schrotkugeln in meiner rechten Gesäßhälfte, die permanente Anspannung, schießen zu müssen, aber auch eine gewisse Genugtuung, das Beste aus diesem Felsen mit Mangroven gemacht zu haben.

Meine dominierende Emotion war Erleichterung. Erleichterung, endlich von der Insel wegzukommen. Erleichterung, abends nicht mehr anhand meiner Infrarot-Kameras abchecken zu müssen, ob das Geräusch aus den Mangroven von Einsiedlerkrebsen stammt oder von einem lauernden Mörder. Es gab nur noch eine Anspannung. Ob der Grenzübertritt mit Mali nach Mexiko funktionieren würde und ob ich an alle Hürden gedacht hatte.

Am 16. April 2021, es war Sonntag, verließen meine treue Lebensretterin Mali und ich die Insel. Das Einzige, was wehtat, war, dass ich wegen dieses miesen Überfalls die letzte Fahrt nicht als Kapitän auf meinem Boot antreten konnte. Vermutlich würde ich nie wieder ein Boot steuern, und schon gar nicht mein eigenes in den türkisblauen Gewässern der Karibik. Irgendwie spürte Kenroy das. Obwohl ich kein Sterbenswörtchen sagte, rief er mir nach dem Verlassen der Lagune zu: „Hey Captain, ich denke, diese letzte Fahrt sollte ein Profi machen! Würdest Du bitte das Steuer übernehmen?"

Da kullerten sie dann doch, die Tränen. Kenroy setzte sich auf den Platz für Passagiere und streichelte Mali. Ich steuerte ein letztes Mal ein Boot von meiner Insel zurück in den Hafen von Placencia. Die Insel verschwand aus meinem Blick. Ich fuhr einem neuen Leben entgegen.

Eine Leiche vor der Insel

In der Hoffnung, Belize gemütlich mit Mali verlassen zu können, überschlugen sich nochmals die Ereignisse. Am Tag nach dem Verlassen der Insel klingelte mein Telefon im Minutentakt. Ein Narco-Jet, also ein Drogen-Kurier-Flugzeug, war vor meiner Insel abgestürzt. Genauer gesagt, irgendwo zwischen meiner Insel und der fünf Kilometer entfernten Insel Moho Caye. Sofort machte sich jeder, der ein Boot besaß, auf, um bei der sogenannten Sea-Lottery den Jackpot zu gewinnen. Es galt, Kokain-Pakete im Millionenwert zu finden. Was sich auf der einen Seite verwerflich anhört, war für viele Menschen eine echte Chance, der Armut zu entkommen. Die Pakete mit dem weißen Pulver gingen manchmal von den Schmugglerbooten bei Kolumbien und Honduras verloren. Wer zu solchem Reichtum kam und den Fund geheim halten konnte, wohnte mit der Zeit nicht mehr in Pressholzhütten, sondern in kleinen Villen. Gleichzeitig war so ein Fund auch ein Fluch, denn selten konnte der Finder den plötzlichen Reichtum plausibel erklären. Die Drogendealer großer Kaliber waren keine Gefahr. Sie hielten dicht. Verkaufte man aber das Kokain scheibchenweise an kleinere Dealer, wurde man zur Zielscheibe für andere Verbrecher, die den Fund abstauben wollten. Und so richtig dicht hielt niemand.

Bereits in meinem ersten Jahr in Belize wurde mir erzählt, wer wann was gefunden hatte. Immer mit dem Hinweis, dieses Geheimnis nicht zu verraten. Ohne gute

Vernetzung und Freunden bei der Polizei oder bei Kartellen waren die glücklichen Finder bald unglückliche Zielscheiben. Meine große Sorge auf der Insel war immer, ein Kokain-Paket zu finden. Ich scherzte zwar oft mit meinen Freunden, dass ich irgendwann keine Sorgen mehr haben würde, denn früher oder später wird eine kleine oder größere Menge Ladung Kokain auch bei mir angeschwemmt werden. In Wahrheit wusste ich aber, dass das mein Todesurteil sein würde. Selbst der Polizei hätte ich so einen Fund nicht genannt, denn auch die Polizisten hätten das ausgeplaudert.

Jetzt war genau das passiert. Ich war zwar nicht mehr auf der Insel, aber nun traf es meinen Freund Kenroy. Vom Narco-Jet fand man die Tragflächen, aber nicht den Rumpf mit der Ladung. Der Pilot war vermutlich tot. Das Meer war voll mit Menschen, die ihr Glück versuchten. Darunter waren arme Fischer und jede Menge Typen wie jene, die mich überfallen hatten. Alle waren auf der Suche nach dem „squared grouper". Grouper ist die Bezeichnung für einen wohlschmeckenden großen Fisch. Squared steht für quadratisch. Squared grouper war die kreative und für jeden verständliche Umschreibung für die schwimmenden Pakete mit dem weißen Stoff.

Für Kenroy wurde es zu heiß. Er zog sich nun auch auf das Festland zurück. Die Situation geriet völlig außer Kontrolle. Menschen bezichtigten sich gegenseitig, etwas gefunden zu haben. Wenn ein Boot mit langsamer Fahrt eine Stelle am Meer genauer unter die Lupe nahm, war das bereits verdächtig. Jeder beschuldigte jeden, das Flugzeug gefunden zu haben. Wie viel Beute da draußen herumschwamm, wusste natürlich niemand. Auch nicht, ob ein „Glückspilz" vielleicht die gesamte Ladung hochtauchen hatte können und wusste, wo der Rumpf am Meeresboden

lag. Dann wurde mein Albtraum Wirklichkeit.
Die Pressemeldungen überschlugen sich: „Kokain auf der Inselkette Lark Caye gefunden." Es war dort, wo meine Häuser standen. Nun kam auch meine Insel in den Fokus der „Glücksritter". Durch meinen Kopf geisterten die Szenarien, wie ich nun Tag und Nacht ohne Boot, mit meiner Pumpgun im Anschlag, bereit gewesen wäre, mich zu verteidigen. Irgendein Irrer hätte sicher angenommen, dass auch ich einen Fund versteckt habe und mit Gewalt versucht, das nicht existierende Versteck aus mir heraus zu prügeln.

Kenroy tat mir leid. Er war jedoch Belizianer, mit allen verwandt, verschwägert oder befreundet und hatte ein Boot. Er konnte dem ganzen Stress aus dem Weg gehen. So waren wir nun beide auf dem Festland und die Insel erstmalig unbewacht. Nur über die Kameras konnten wir im Blick behalten, ob jemand die Insel betritt. Nach und nach flogen Leute in Placencia auf, die Pakete gefunden hatten. Sie landeten im Gefängnis. Es gab mit Sicherheit Lotteriegewinner, die das Spiel richtig spielten, und es gab Loser, die die Spielregeln nicht kannten. So einer wäre auch ich gewesen, falls ich einen Fund gemacht hätte. Nach wenigen Tagen beruhigte sich die Situation, doch das Universum hatte noch einen letzten Schachzug für mich parat, um meine Flucht aus Belize ins Wanken zu bringen.

Mali und ich bezogen bei Herb und Simone unser Quartier für die letzten Nächte in Belize. Nach all der Hektik mit dem abgestürzten Flugzeug hatte ich noch ein paar Tage zur Verfügung, um die verbleibenden Schritte zu regeln. Mein alter Truck musste noch ein allerletztes Mal funktionieren. Am 17. April 2021 fuhren Mali und ich zur Tierärztin nach Dangriga. Doktor Mia, bezaubernd wie immer, gab Mali noch eine fehlende Auffrischungsimpfung und stellte uns das Gesundheitszeugnis für Mexiko aus. Dazu bereitete sie auch schon alle notwendigen Unterlagen für die Europäische Union vor, die die Tierärzte in Mexiko nur noch kopieren müssten. Ich hatte nun zum ersten Mal eine komplette Übersicht über alle Impfungen, die Mali in den letzten Jahren bekommen hat.

Es machte mich traurig zu wissen, dass ich Doktor Mia nie wieder sehen werde. Wir waren uns zwar nicht oft begegnet, aber sie war eine jener Frauen, an die ich doch noch einmal mein Herz verlieren konnte. Sie gab mir die Hoffnung, dass ich nach meiner Scheidung doch nicht völlig mit dem Gefühl der Liebe abgeschlossen hatte.

Nach einer herzlichen Verabschiedung fuhren Mali und ich in die Hauptstadt Belmopan zu meinem Freund Daniel. Daniel hatte die Retournierung meiner Waffen um siebzig Prozent des Kaufpreises organisiert. Ebenso nahm er den Stromumwandler zurück, den ich vor einem Jahr für mein neues Haus gekauft hatte. Ich hatte ihn aufgrund der Pandemie und dem Einkommensverlust nie verwendet und, er war noch original verpackt. Mein eigenes Haus auf der Insel war nach wie vor an einer Steckdose des Gästehauses angesteckt. Daniel war unglaublich zuvorkommend, wie schon die letzten Jahre, und hatte für mich ein ganz besonderes Geschenk parat. Das Geschäft, für das er arbeitete, zahlte mir das Bargeld nicht in Belize-Dollar, sondern in US-Dollar aus. Er hatte die letzten Wochen für mich immer die Scheine zur Seite gelegt, wenn ein Amerikaner mit US-Dollar zahlte. Die belizianische Währung hätte ich in Mexiko nicht verwenden können, denn keine Bank tauschte sie um. Es war herzzerreißend! Somit hatte ich einen großen Teil meines benötigten Budgets für den Aufenthalt in Mexiko bereits in der richtigen Währung zur Verfügung. Die Erleichterung lässt sich für Europäer schwer in Worte fassen, weil man das nicht kennt. Egal welche Währung, in der EU ist der Umtausch kein Problem. Belize-Dollar kann man jedoch nur in Belize verwenden.

Nach der Rückgabe meiner Sachen war es mir nicht nur um die Hüfte, sondern auch um das Herz ganz leicht. Zum ersten Mal seit Monaten trug ich keine Waffe mehr an meinem Körper. Psychisch war dies das Signal, in Kürze Belize und den Delin-Picaro-Clan zu verlassen. Erleichtert und mit einer übervollen Brieftasche lud ich Daniel zu einem letzten gemeinsamen Essen ein. Wir sprachen über die aktuellen Geschehnisse in Belize, und wie alles immer gefährlicher wurde. Daniels Frau Rebecca war erst wenige Tage zuvor Zeuge eines Mordes geworden. An dem Marktstand, wo sie die Naturprodukte ihrer kleinen Farm verkaufte, wurde nur wenige Meter entfernt am helllichten Tag ein Standbesitzer mit einer Kugel in den Kopf hingerichtet. Belize war nicht nur aufgrund meines Erlebnisses subjektiv gefährlicher geworden. Die objektive Statistik zeigte eine gefährliche Abwärtsspirale, ausgelöst durch die Pandemie und den fehlenden Tourismus.

Nach dem Mittagessen mit Daniel machte ich mich auf den Rückweg nach Placencia. Ein letztes Mal ging es Richtung Süden, danach sollte ich mich nur noch Richtung Norden bewegen. Und nun gab es wirklich nichts mehr, was Mali und mir noch hätte dazwischenkommen können. Dachte ich jedenfalls. Mein mit Kabelbindern, Klebeband und Flip-Flops zusammengehaltener Truck schaffte auch noch diesen Weg, ohne zusammenzubrechen. Viereinhalb Jahre zuvor hätte ich mir nicht vorstellen können, wie dieses nun siebzehn Jahre alte Stück Geschichte noch immer seinen Dienst tun würde. Bei jedem Mal Tanken war zwar ein Schüsschen Motoröl und Bremsflüssigkeit notwendig.

Aber er lief und lief und lief.

Die letzten beiden Tage waren nur noch mit wenigen organisatorischen Dingen im Ort von Placencia etwas aufgepeppt. So meldete ich zum Beispiel nach über vier Jahren mein belizianisches Handy ab. Tommy, mein langjähriger Betreuer, bei dem ich jeden Monat meine Telefon- und Internetrechnung in bar zahlte, hatte Tränen in den Augen. Nicht wegen des Verdienstausfalls. Wenn man sich viereinhalb Jahre lang jeden Monat sieht, entsteht eine intensive Bindung.

Die Abende verbrachte ich stets mit Herb und Simone, meinen österreichischen Freunden. Ihr Haus und ihre beiden Apartments waren zwar nur an die hundert Meter von der Hauptstraße entfernt, aber anders als in Placencia hatte man das Gefühl, im dichtesten Dschungel zu sein. Was ich bei Hurrikan „Nana" gar nicht so bemerkt hatte. Diesmal konnte ich meinen Aufenthalt völlig entspannt genießen. Die Tierwelt war atemberaubend. Überall Agoutis, die wie große Meerschweinchen durch das Gestrüpp raschelten. Papageie auf den hohen Bäumen, Waschbären und Vögel, deren Namen ich mir nie gemerkt habe. Bis auf die lauten Rowdies mit der Bezeichnung Chachalaca. Den Namen dieser Vögel merkt man sich. Sie sehen ein wenig wie Truthähne aus. Dementsprechend machte Mali nun auch Bekanntschaft mit der Leine, denn die Versuchung, all diese Tiere zu hüten und mir auszureißen, war für sie zu verführerisch.

Herb, Simone und ich hatten ein abendliches Programm. Meine beiden Freunde waren dreizehn Jahre zuvor die Hauptakteure der Fernsehsendung „Ich wandere aus – Meine neue Chance", die vom Sender ATV ausgestrahlt wurde. All die Jahre konnte ich diese Verbindung nicht herstellen. Sie waren die beiden Österreicher, die ich im Fernsehen sah, bevor ich selbst auswanderte, und der Grund, warum Belize mir nicht gänzlich unbekannt war.

Während ich meiner Heimkehr nach Österreich entgegenfieberte, sahen wir uns, mit leckerem österreichischem Essen und mehreren Bieren, ihre Träume und Hoffnungen aus dieser Zeit an. Es lag über ein Jahrzehnt zurück, und sie kamen damals aus dem verschneiten Wien in die Tropensonne von Belize. Ebenso waren die Herausforderungen beim Ankommen in Mittelamerika zu sehen. Wir witzelten über ihr jugendliches Aussehen von früher, ihre und meine Träume und die belizianische Realität. Und was mich nun bei meiner Rückkehr nach Österreich in einem Land voller Vorschriften, Jahreszeiten und kalten Wintern erwarten würde. Wobei sie vollends verstanden, dass es für mich nach dem Erlebten keine Option gab, in Belize zu bleiben. Für mich hatte es sich einfach ausgeträumt. Die Gefahr war äußerst real: Jedes Mal, wenn ich an diesen Tagen in Placencia am Restaurant meines nicht inhaftierten Angreifers Delin vorbeifuhr, raste mein Herz. Gleichzeitig erhob sich mein Mittelfinger zum Gruß hinter den verdunkelten Fenstern meines Trucks. Und ebenso unwohl fühlte ich mich in der Nähe der Polizeistation, denn mein Vertrauen in die Ordnungshüter hatten die mutmaßlich korrupten Polizisten gänzlich verspielt.

Am 20. Mai 2021 trat ich den letzten Weg in Belize an. Ich fuhr von Maya Beach, wo Herb und Simone wohnten, weiter nach Placencia und schenkte Kenroy meinen Truck. Er besaß nun sein erstes eigenes Auto und freute sich wie ein kleines Kind. Und für mich war es ein sehr emotionales Déjà-vu. Viereinhalb Jahre zuvor wurde mir beim Verlassen von Österreich zum ersten Mal bewusst, dass ich alles aufgegeben hatte, als ich meine Schlüssel dem neuen Wohnungsbesitzer in die Hand drückte. Nun war mein Autoschlüssel der letzte Schlüssel, den ich noch besaß und Kenroy überreichte. Keinen Schlüssel mehr zu besitzen, macht einem bewusst, dass es nichts gibt, was man noch hat. Kein Dach über dem Kopf, kein Fortbewegungsmittel, einfach nichts. Dann luden wir noch meine Habseligkeiten vom Truck in das Auto meines langjährigen Freundes Kenford, und ich war bereit, der Freiheit entgegenzufahren.

Kenroy und ich umarmten uns. Ich wünschte ihm viel Glück auf der Insel. Dass er dieses bereits in Kürze benötigen wurde, davon gingen wir beide nicht aus. Während Kenford und ich unseren Roadtrip starteten, machte sich Kenroy zur Insel auf. Es war ein gutes Gefühl zu sehen, wie motiviert und verantwortungsvoll Kenroy mit seiner neuen Aufgabe umging. Und meine Insel in guten Händen war.

Mali musste die mehrstündige Autofahrt in einem Hundekäfig verbringen. Es war für sie ein kleiner Vorgeschmack auf den Flug und die regulierte Zivilisation. Mali kannte Autofahren bisher ausschließlich mit ihren Pfoten am Türrahmen, bei offenem Fenster und den Kopf mit schlabbernder Zunge in den Fahrtwind gestreckt. Nun saß sie im Hundezwinger, während ich ihr von Mexiko vorschwärmte. Hätte sie sprechen können, hätte sie mich vermutlich gefragt, ob ich sie verarschen möchte. Wenn der Hundezwinger Mexiko darstellen soll, dann bitte doch zurück auf die Insel, ging ihr wohl durch den Kopf.

Bei unserem Zwischenstopp in Belize City wartete die Blutabnahme zur Kontrolle ihres Tollwut-Antikörperspiegels auf sie. Das Blut wurde nach der Blutabnahme gekühlt mit ihrer Mikrochip-Transponder-Nummer in ein EU-zertifiziertes Labor in die USA geschickt. Sechs Wochen später sollte ich per Mail das Ergebnis erfahren. Wie ich das Original-Zertifikat nach Playa del Carmen in Mexiko geschickt bekommen würde, war zu diesem Zeitpunkt noch völlig unklar. Und um jedes Risiko auszuschließen, überredete mich die Tierärztin, Mali noch einmal gegen Tollwut zu impfen, falls der Titer negativ ausfällt. Auf diese Weise würde ich uns viele Wochen weiterer Wartezeit in Playa del Carmen sparen.

Inzwischen waren fünf Stunden seit dem Abschied von meinem Inselaufpasser Kenroy vergangen. Kenford und ich wollten nun von Belize City weiter nach Chetumal zur Grenze fahren, als ich plötzlich eine Nachricht von Detective Caruso erhielt. In mir schwang die gesamte Zeit die Angst mit, wie der Delin-Picaro-Clan mithilfe der Polizei unter Umständen noch ein letztes Manöver starten könnte, um mich auszuschalten. Oder zumindest aufzuhalten und die Ausreise zu verhindern.

Caruso sandte mir ein Foto von meiner Insel, aufgenommen von einem Boot. Ohne Kommentar. Ich reagierte nur minimalistisch und fragte, ob er gerade einen Freizeittrip genießen würde. Die Antwort machte mir Angst: „Nein, wir bergen gerade eine Wasserleiche." Ich konnte es nicht glauben. So einen Zufall konnte es nicht geben, dass ich ausgerechnet am Tag meiner Ausreise von Caruso kontaktiert werde und eine Leiche vor meiner Insel schwimmt. Noch viel schlimmer: wurde Kenroy beim Ankommen auf der Insel aufgelauert? War dies nun der letzte schreckliche Schachzug der Verbrecher? Sofort versuchte ich, mit Kenroy Kontakt aufzunehmen. Ich bekam keine Antwort. Daraufhin fragte ich bei Detective Caruso nach, ob sie den Toten identifizieren konnten, bekam aber auch von ihm keine Rückmeldung. Kenford und ich berieten uns, was wir machen sollten, und entschieden dann, weiter in Richtung Grenze zu fahren. Wir diskutierten intensiv, was vorgefallen sein könnte.

Hatte Kenroy vielleicht die letzten Tage doch Kokain gefunden? Wurde er deswegen umgebracht? Oder dachte jemand, er hätte etwas aufgrund der vielen Funde rund um die Insel versteckt und wurde so zum Opfer? Ich bekam zunehmend die Panik.

Kenford und ich gingen gedanklich alle Möglichkeiten durch und hofften, dass es Kenroy gut ging und die Wasserleiche nichts mit meinem Platz oder dem Überfall zu tun hatte.

Grenzübertritt in ein neues Leben

Plötzlich tauchte vor uns ein Polizei-Checkpoint auf. Schwerbewaffnete Polizisten mit Maschinengewehren kontrollierten den Verkehr, und während alle anderen Fahrzeuge durchgewunken wurden, hielt man uns ganz gezielt an.

Noch nie in all den Jahren hatte ich bei so einem Checkpoint ein Problem. Ich, der Weiße, wurde mit seinem Hotelfahrzeug einfach immer weiter gewunken. Nun aber saß ich in einem Auto, das bereits einen Überschlag hinter sich hatte. Mein Freund Kenford, der Besitzer, hatte erst kürzlich mit seinem Fahrzeug einen Purzelbaum gemacht. Unser Erscheinungsbild war selbst für belizianische Verhältnisse nicht aus einem Autokatalog. Ein völlig kaputtes Auto mit abgedunkelten Scheiben und sichtlich bis ans Dach vollgeladen. Was aber wirklich in meinem Kopf herumspukte, war der Leichenfund. Kenford versuchte, mich zu beruhigen, und meinte, die Polizei wüsste doch gar nicht, in welchem Auto ich unterwegs war. Doch ich traute Delin, Picaro und Caruso alles zu. Dennoch versuchte ich, diese Gedanken beiseitezuschieben und von einer normalen Verkehrskontrolle auszugehen.

Ich hoffte, wenn ich aussteige, würden mich die Polizisten sofort erkennen. Aufgrund meines Überfalls war ich nach wie vor eine traurige Berühmtheit. Die Reaktionen waren diesmal jedoch völlig entgegengesetzt. Einer der Polizisten hob sein Maschinengewehr und befahl mir, zur Seite zu treten und mein Gepäck nicht anzufassen. Mir gingen mehrere Gedanken durch den Kopf: War dies nun die Möglichkeit zur Falle, auf die Detective Caruso gewartet hatte? Würde man mir nun Drogen in mein Gepäck stecken? Oder wollte man mir aufgrund der Wasserleiche einen Mord in die Schuhe schieben? Erschossen wird man schnell in Belize und niemand könnte bezeugen, wie es wirklich ablief. „Weißer Drogendealer ging auf Polizisten los und wurde in Notwehr erschossen." Die Headline war in meinem Kopf bereits abgedruckt. Und Delins Familie hätte das Geld für so eine Aktion gehabt.

Um jedem Risiko aus dem Weg zu gehen, wollte ich Compol Chester Williams ins Spiel bringen. Wenn die Polizisten wüssten, in welch gutem Kontakt ich mit ihrem Boss stand, sollte dies enorm helfen. Und wenn es sich nur um eine normale Polizeikontrolle handelte, dann könnte dies ebenfalls nicht schaden. So fragte ich die schwer bewaffneten Beamten, ob ich Compol anrufen dürfe, er könnte ihnen den Grund des vollgepackten Autos erklären. Das kam gar nicht gut an. Das Maschinengewehr wurde noch etwas deutlicher in meine Richtung bewegt.

Als ich in den Lauf des Maschinengewehrs blickte und meine arme Mali in dem inzwischen völlig überhitzten Auto im Kopf hatte, bewegte sich auf einmal ein weiterer Beamter auf uns zu. Plötzlich war alles in Ordnung. Der Polizist erkannte mich aus der Entfernung und fragte, wie es mir nach dem Überfall nun ginge. Er entschuldigte sich für das Vorgehen, und erklärte, dass ihre Spezialeinheit gerade einen großen Drogentransport abfangen will, und unser Fahrzeug dem beschriebenen verdächtigen Fahrzeug ähnlich sieht. Nun senkte sich auch das Maschinengewehr. Nach einem kurzen weiteren freundlichen Wortwechsel wurde die Kontrolle abgebrochen, und wir durften weiterfahren.

Dennoch war weiterhin nicht klar, was auf der Insel vor sich ging. Kenroy war nicht zu erreichen und Caruso antwortete ebenfalls nicht. So fuhren Kenford und ich weiter Richtung Grenze. Ich bezog nahe von Corozal ein Hotel, das Hunde akzeptierte und von Kenford organisiert wurde. Es war kein schlechtes Hotel, aber es gab so gut wie keinen Wasserdruck. Duschen war nahezu unmöglich. Die Handtücher wären auf meiner Insel ein absolutes No-Go gewesen. Die Klimaanlage war auf 16 Grad Celsius gestellt, und es war unmöglich, sie auszuschalten. Hätte ich jemals nur eine dieser Unannehmlichkeiten meinen Gästen geboten, wäre die Vermietung wohl nach der ersten Bewertung erledigt gewesen. Meine allerletzte Nacht in Belize gestaltete sich also wie in einem Kühlhaus. Im Prinzip der perfekte Abschied aus meinem Paradies, um ihm nicht nachzuweinen. Die unklare Situation um die Wasserleiche und die Sorge um Kenroys Wohlergehen waren jedoch zermürbend und ich konnte fast kein Auge zu bekommen. Was ging da nur auf der Insel vor?

Am nächsten Morgen, kurz bevor Kenford mich abholen sollte, hatte ich nach wie vor keine Nachrichten erhalten. Weder von Kenroy, noch von Detective Caruso. In wenigen Minuten sollte ich die Grenze zu Mexiko überschreiten. Kenford holte mich pünktlich ab, und wir machten uns auf den Weg zum Grenzübergang. Dann plötzlich trudelten die Nachrichten herein.

Detective Caruso schickte mir über WhatsApp ein Foto des Opfers. Es war ein surreales Bild. Zu sehen war etwas, das einer zerfransten Plastiktüte glich. In Wahrheit war es die verweste Leiche einer Person, von der nur noch der Oberkörper vorhanden war. Eines war sicher: Das war nicht die Leiche von Kenroy. Dafür war der Tote schon viel zu lange im Wasser getrieben. Das konnte ich auch ohne

Forensik-Ausbildung erkennen. Die Vermutung lag nahe, dass es sich um den Piloten des abgestürzten Narco-Jets handelte. Direkt danach meldete sich auch Kenroy und gab Entwarnung. Mir fiel ein Stein vom Herzen.

Als Kenroy nach unserer Verabschiedung auf der Insel ankam, sah er vor dem Gästehaus die Küstenwache mit ihrem Boot am Korallenriff stecken. Die Küstenwache tauschte ihre Truppen alle zwei Wochen aus, es gab aber offenbar keinen Wissenstransfer über die Beschaffenheit der Gewässer. Es war nicht das erste Mal, dass ihr Boot auf meinem Riff stecken blieb. Für Touristen wurde es sehr teuer, wenn sie mit ihren Booten ungeschickt Korallenriffe beschädigten.

Für die Küstenwache hatte es keine Konsequenzen. Ihre Boote waren so marod und durchlöchert, wie es private Boote nicht sein durften. Jedenfalls war die neue Truppe der Küstenwache überglücklich, als sie Kenroy aus der Zwangslage befreite. Die Männer hatten die ganze Nacht auf ihrem Vehikel ausgeharrt. Kenroy zog sie mit seinem Boot in tieferes Wasser und bot ihnen Kaffee an, während sie auf das Polizeiboot warteten. Dies war dann auch jenes Boot, von dem Detective Caruso mir das Foto meiner Insel schickte. Auch dieses Boot war zu groß, um über das Riff zu gelangen und die Wasserleiche zu bergen. Nur mit Kenroys kleinem Boot war es möglich, an die Stelle zu gelangen, wo die Leiche trieb. Mit Gummihandschuhen und einem Leichensack ausgerüstet zog er alleine die Überreste des verwesten Leichnams in sein Boot und verpackte diesen für die äußerst dankbaren Beamten. Kenroy war ab nun eine hochgeschätzte Kontaktperson für Polizei und Küstenwache auf der Insel. Nach all diesen Geschehnissen war Kenroy dennoch verständlicherweise nicht um sein Handy bemüht und versuchte, all das Erlebte zu verdauen. Und Detective Caruso war den ganzen Abend mit bürokratischen Schritten beschäftigt.

Diese Ereignisse, meine wahnhaften Sorgen und die trockene Realität, warfen einige Fragen auf. Wie viel der Geschehnisse nach dem Überfall waren Paranoia? Beziehungsweise eine traumatische Folge des Überfalls? Und wie viel davon war gefährliche Realität? War Caruso stets nur um mein Wohlergehen bemüht, und ich tat ihm die ganze Zeit unrecht? Das Einzige, was ich nicht infrage stellte, war die Gefährlichkeit des Delin-Picaro Clans. Caruso war sich dessen vermutlich mehr als bewusst, und es lag nahe, dass er mich auf etwas kreative Weise über die letzten Monate beschützte. Denn er kannte sowohl die Vorgangsweise der Kriminellen, wie auch jene der Polizei viel besser als ich.

An der Grenze zu Mexiko angekommen, war ich daher nur noch minimal nervös. Natürlich machte ich mir Gedanken, ob das Schreiben der Ministerin für äußere Angelegenheit akzeptiert wird. Oder ob Belize wieder einmal mit einer selbst gestrickten bürokratischen Überraschung aufwarten würde.

Am großen Grenzübergang von Chetumal war ich völlig allein. Ich war mir nicht einmal sicher, ob überhaupt Grenzpersonal anwesend war. Entsprechend meiner Vorbereitungen ging jedoch auf der belizianischen Seite alles reibungslos. Meine Dokumente wurden von zwei Beamten geprüft, und die Ausreise wurde mir ohne Stolpersteine gewährt. Auch diesmal erkannten mich die Beamten in Bezug auf meine Geschichte und fragten mich, wie es mir inzwischen ging.

Für die Weiterfahrt in Mexiko hatte Kenford alles perfekt für mich vorbereitet. Wir trafen Elisa, eine ehemalige Belizianerin, die seit einigen Jahren in Mexiko für eine Autovermietung arbeitete. Ich hatte keine Ahnung, welches Mietauto ich übernehmen würde. Als ich dann das Auto sah, mit dem ich all mein Zeug nach Playa del Carmen bringen wollte, rief ich geistig nach David Copperfield. Ein Chevrolet Beat, der von der Größe an einen VW Lupo erinnerte. Das gesamte Auto hätte auf die Ladefläche meines alten Trucks gepasst. Ich hatte den großen Hundezwinger, ein Wake-Board, drei Taschen, einen Rucksack, Malis Kuschelbett und mein Heiligtum – eine mit Hundesachen gefüllte Ikea-Tasche – mit mir. Das alles sollte in diesen kleinen Hüpfer passen?

Aber zu meiner Überraschung passte es. Elisa fuhr mich zur mexikanischen Seite der Grenze. Ich hoffte, mit dem Schreiben der österreichischen Botschaft ohne Probleme passieren zu dürfen und vertraute Doktor Mias vorbereiteten Dokumenten in Bezug auf Mali. Und es ging alles glatt. Fast alles. Als ich dachte, ich hätte es endlich geschafft, gab es auf einmal ein technisches Problem mit der Bezahlung der Einreisesteuer. Ich hatte mexikanische Pesos, US-Dollar und meine Kreditkarte. Was ich nicht mit hatte, war ein Dieselgenerator. Die mexikanische Grenzstelle hatte keinen Strom und ohne Strom funktionierte der Bank-Terminal nicht. Elisa begann mit den Grenzbeamten auf Spanisch nach einer Lösung zu suchen und fand auch eine. Sie nahm all meine Dokumente, meinen Pass und meine mexikanischen Pesos, und fuhr mitsamt meinem Gepäck nach Chetumal in Mexiko, um die Zahlung in einer öffentlichen Bank vorzunehmen.

Ich machte Mali einstweilen erneut Mexiko schmackhaft. Seit Wochen hatte ich ihr von diesem Moment euphorisch erzählt: „Mali, Mexiko ... das kannst Du Dir nicht vorstellen ... dort gibt es alles, dort sind wir endlich in Sicherheit."

Vermutlich tat ich das mehr für mich als für sie, aber sie spürte, dass das Wort „Mexiko" mit etwas Positivem verbunden war. Genauso wie „Österreich", gefolgt von den Namen meiner Söhne, die sie ja kannte und liebte. Wann immer ich also Mexiko, Österreich, Yannick und Kimi aussprach, wedelte sie freudig mit dem Schwanz, ohne zu wissen, worauf sie sich eigentlich freute.

Nach eineinhalb Stunden kehrte dann Elisa aus Chetumal zurück. Es ging weiter. Mein Gepäck wurde nach Drogen untersucht. Der brave Schäferhund des Zollbeamten war mit den Gerüchen von Mali, die in all meinen Sachen steckten, etwas überfordert, seinen Job zu tun. Elisa hingegen war von der Befragungsmethode des höflichen Zollbeamten amüsiert. Er wiederholte jede Frage mit den Worten „Sind Sie sich sicher?"

Als er mich fragte, ob ich wirklich nicht mehr Geld mit mir hatte, hätte ich am liebsten gesagt: „Nein, habe ich wirklich nicht, denn ich wurde ausgeraubt." Aber ich konnte mich im Gegensatz zu meinen Schulzeiten zusammenreißen und gab keine freche Antwort. In meinem Blut kreisten auch schon deutlich Glückshormone. Ich fühlte mich wie auf Drogen, denn die lang ersehnte Freiheit und Sicherheit waren nur noch wenige Meter von mir entfernt. Meine Neurotransmitter spielten für mich ein wundervolles Feuerwerk ab. Nachdem mein Gepäck kontrolliert worden war und mir freundlich eine gute Reise gewünscht wurde, setzte ich mich wieder auf den Beifahrersitz und Elisa startete den Motor.

Da war er. Der Moment, dem ich so entgegengefiebert hatte. Nichts hielt uns mehr auf. Keine Maschinengewehre, keine Polizei, keine Drogenkartelle, keine Leichen, keine Bürokratie, keine Kokainpakete, kein Grenzbeamter. Mali und ich hatten freie Fahrt in ein neues Leben. Während Elisa unser Auto über die Grenzlinie steuerte, hörte ich in meinem Kopf den Song „Always look on the bright side of life“. Die Textstelle „Always look on the bright side of death“ war für mich Vergangenheit.

Ich sang. Ich tanzte. Zumindest im Kopf. Nun waren Mali und ich in Sicherheit. Wir hatten Belize überlebt. All der Wahnsinn lag nun hinter uns. Und vor uns eine ungewisse Zukunft in der alten neuen Heimat.

Epilog

Nach jahrelangem Genuss der wilden Natur und den Freiheiten des Entwicklungslandes Belize war der Umstieg in die Betonwüste von Playa del Carmen in Mexiko mehr als gewöhnungsbedürftig. Ich hatte völlig vergessen, wie sich Zivilisation anfühlt. Und nach einem Jahr auf der Insel war Spazierengehen etwas, das ich fast wieder neu lernen musste. Dank Mali ging das aber sehr schnell.

Die drei Monate in Mexiko ließen mich außerdem gefühlt einen Crashkurs in Psychologie und Philosophie erleben. In Österreich träumte ich von der Freiheit des Lebens auf einer Insel. Das Gras des Lebens schien dort grüner. Nachdem ich alles, was ich mir erträumt hatte – und noch mehr – auf meiner Insel aufgebaut hatte, wurde es unbefriedigend. Selbst wenn man die Pandemie und den Überfall subtrahiert, schielte ich nach einiger Zeit auf den scheinbar grüneren Rasen der Zivilisation und somit wieder zurück nach Österreich. Dann, in der Zivilisation angekommen und mit der Realität von Betonbauten, eingeschränkten Freiheiten, gefühlter Überbevölkerung und den Restriktionen meinen Hund betreffend konfrontiert, blickte ich für wenige Millisekunden wieder auf das grüne Gras der Insel. Wie schön es war, ein Universum für sich zu haben. In das Meer springen, wann immer man möchte.

Doch diese Erkenntnis war wie eine Erleuchtung. Es war egal, wo ich war. Das Gras ist nicht grüner auf der anderen Seite. Es ist so grün, wie ich es mir selbst gestalte. Indem ich es ausreichend gieße und pflege und den Blick auf die schönen Seiten richte. Und es mir einfach hübsch mache. Ob dies ein kleiner Balkon sein wird, oder eine Ecke in der Wohnung, in der ich mich wohlfühle. Ich habe es selbst in der Hand. Und niemals aufgeben!

Wichtig ist auch, mich weiterhin etwas zu trauen. Situationen nicht zu akzeptieren, wenn sie mich stören. Nicht jede Umweltbedingung ist die richtige. Das gilt für den Beruf genauso wie für Partnerschaften und das eigene Heim. Wenn mir etwas nicht passt, werde ich es in Zukunft hoffentlich noch schneller ändern.

Und um den Kreis meines Belizeabenteuers zu schließen: Dies war wohl exakt das, was Lea vor sechzehn Jahren machte. Sie verließ Umweltbedingungen, die für sie nicht mehr stimmig waren. Da musste ich um die halbe Welt reisen, Kapitän, Solar-Ingenieur, Hotelier werden, mit einem Speer mein Essen fangen und um mein Leben kämpfen, um das zu verstehen.

Belize hat mir daher auch äußerst wertvolle Geschenke auf meine weiteren Wege gegeben. An oberster Stelle steht meine Mali. Ich hoffe, ihr das schönste Hundeleben in Europa bieten zu können.

Das Naturjuwel Belize hat mir außerdem gezeigt, dass man vor Vogelspinnen und Schlangen weniger Angst haben muss als vor der eigenen Spezies. Ebenso hat mir vor allem das Inselleben präsentiert, wie verloren wir ohne unsere Mitmenschen sind. Ohne die vielen Spender nach meinem Überfall wäre ich geliefert gewesen und hätte nicht operiert werden können. Ohne die Rettungsaktion, die der halbe Ort Placencia für mich organisiert hatte, wäre ich vermutlich auf der Insel verblutet. Ohne die Landwirte, die auf den Feldern Getreide ernten, Reis anbauen und Gemüse züchten, hätte mir die Mangelernährung trotz ausreichendem Fischfang innerhalb eines Jahres Probleme bereitet. Ohne die Techniker, die Solarpanele herstellen, hätte ich keinen Strom gehabt. Ohne die Elektronikpioniere, die Smartphones und Internet erfunden haben, hätte ich nicht einmal um Hilfe rufen können. Wir alle sind voneinander abhängig. Ob einem das passt oder nicht.

Wehmut, Belize verlassen zu haben, kam zu keiner Sekunde auf. Während Mali und ich die Sicherheit von Playa del Carmen genossen, eskalierte die Kriminalität in Belize weiter. Zwischen unserer Flucht und dem Rückflug nach Österreich gab es in Belize täglich Mordopfer und bewaffnete Überfälle. Selbst das Krankenhaus, in dem ich operiert worden war, war Ziel eines bewaffneten Überfalls.

Das Tragischste war wohl der Tod eines 14-jährigen Jungen. Er wurde aufgrund der angespannten Lage irrtümlich von der Polizei in Placencia durch einen Schuss in den Rücken getötet. Das Paradies wurde zusehends von einem Meer an Tränen verschluckt. Und für mich gab es keine Sekunde einen Zweifel, die richtige Entscheidung getroffen zu haben.

Meine Abenteuer in Belize füllen die Erlebnisse einer kompletten Lebensspanne. In Europa in den alten Trott zurückfallen und im Hamsterrad zentrifugiert werden, steht jedenfalls nicht auf meinem Plan.

Auch wenn ich noch nicht weiß, was im nächsten Kapitel meines Lebensbuches stehen wird, geht es auf in das nächste Abenteuer. So viel ist gewiss! Und dieses Abenteuer heißt Leben.

Gigi Gusenbauer
August 2021

Inhalt

Dank

Ich bedanke mich bei all den wunderbaren Menschen, die mich in all den Jahren in und außerhalb von Belize begleitet, ermuntert und unterstützt haben. An alle, die mir in kniffeligen und bedrohlichen Situationen und bei finanziellen Nöten geholfen haben.

Ich möchte meinem Lektor Herbert Winkler danken, der mein Manuskript frisiert, manikürt und manchmal auch rasiert hat. Ohne seine Beharrlichkeit würde es das Buch in dieser Form nicht geben.

Ich danke meiner Mutter Ilona Gusenbauer, die mich über die Inseljahre hinweg emotional begleitet und mir das Coverbild gezeichnet hat.

Besonderen Dank schulde ich meinem Verleger Herbert Maria Schnalzer, der mir die Publikation ermöglicht hat und mir viele Brücken baute, damit ich der Welt von meinen Erlebnissen in Belize erzählen kann.

Gigi Gusenbauer

Mein Leben von vorne

Taschenbuch
Neuauflage 2021
Lifebiz20 Verlag

Der Leser wird auf eine Zeitreise entführt, beginnend mit einem Flug nach Belize, wo ein geschiedener Manager seinen einzig verbliebenen Besitz begutachten möchte: einen Felsen im Karibischen Meer. Sonst hat er nichts mehr. Das Leben vor dem Bürobildschirm ist beendet und ein völlig unbekanntes Land wartet auf ihn. Das Buch endet auch wieder mit dieser Reise, dazwischen wechselt man zwischen Vergangenheit und Gegenwart und erst am Ende versteht man, was zu dieser waghalsigen Entscheidung führte.
Wie er als Vater seine über alles geliebten Kinder im Stich lassen konnte. Wie die Wahrheit aller betroffenen Personen einer Scheidung einerseits widersprüchlich, andererseits für sich korrekt sind. Kapitel für Kapitel wechselt man zwischen dem alten Leben, das ursprünglich von Hoffnung, Liebe, Glück und Familie geprägt war, dann aber in Depression, Suizidalität, Medikamentenabhängigkeit, Burnout und dem Kampf um die Kinder abstürzte. Und dem neuen Leben, dem Leben von vorne, wo der Bürohengst mit zwei linken Händen versucht, auf einer einsamen Insel im Nichts zu überleben und sich etwas Neues aufzubauen. Von einem Leben in Excel-Tabellen und Datenbanken in den Dschungel von Belize, zu einer einsamen Insel, brennenden Schiffen und dem Umgang mit Bestechung und Korruption. Auf der Suche nach neuem Glück, Gesundheit und innerem Frieden. Gibt es eine Chance, dies zu erreichen?